EFFICACITÉ PROFESSIONNELLE

LES 7 CLÉS DE LA CONFIANCE EN SOI

Mathilde FRIEDBERG

Avec Bertrand BAUDEZ, Mélanie BLANC-JOUVEAUX, Géraldine BROSSIER

Ouvrage coordonné par Mathilde FRIEDBERG

Ouvrage dirigé par Laurence BRUNEL

On ne peut avoir confiance qu'en soi-même.
Et encore, pas beaucoup.
Tristan Bernard

On a la gueule qu'on peut.
Michel Simon

Dans une vie, il y a des choses que je subis et des choses que j'agis. Une vie qui vaut la peine d'être vécue est celle où l'on est non seulement capable d'agir, mais de sentir ce que l'on fait, et non seulement de subir et de sentir, mais d'agir à partir de ce que nous sentons, subissons et recevons. Une vie bonne, ainsi, ce n'est pas seulement un concept, mais cela se raconte, dans un délicat enchevêtrement avec les histoires de vie des autres.
Il y a une pluralité narrative des conceptions de la vie bonne et digne d'être vécue.
Une personne s'estime elle-même par cette capacité à rassembler sa vie, à la raconter, à dire « je suis celui qui…, et qui et qui… », et à en faire voir, aux yeux des autres et à ses propres yeux, la cohérence parfois inédite ou inaperçue. Il y a donc aussi une unité narrative qui repose sur la capacité des sujets à s'interpréter eux-mêmes, en acceptant que cette interprétation soit embarquée dans les variations et les vicissitudes du temps.
Olivier Abel

SOMMAIRE

INTRODUCTION

Récemment, j'ai dû prendre le train pour aller accompagner une équipe en souffrance. Une grande restructuration avait été organisée dans son entreprise, des changements importants avaient été imposés, et cela avait provoqué beaucoup de stress, de résistances et d'incompréhension chez les personnes concernées. Je suis coach, c'est mon métier depuis quelques années d'accompagner les personnes dans ce type de contexte. Je puis dire que cela se passe plutôt bien. Mais, ce matin-là, dans le train qui allait me conduire à eux, « Manque de confiance », à l'improviste, s'est invité chez moi. Du coup, je me suis sentie soudain démunie, comme incapable d'aider cette équipe. Tout ce que j'avais préparé me paraissait inadapté. C'était comme si toute mon expérience s'était envolée, comme si je ne savais plus rien. Je n'arrivais même plus à penser normalement. « Manque de confiance » avait inhibé ma capacité de réfléchir créativement et estompé mes compétences. Comment avais-je laissé « Manque de confiance » m'envahir ainsi ? Si « Manque de confiance » pouvait parler, que me dirait-il ? Peut-être : « Tu n'es pas en mesure de comprendre ces gens, car tu ne travailles pas avec eux. » Ou encore : « Es-tu assez formée pour accueillir la souffrance des gens ? Et si ça se passe mal, est-ce que tu sauras faire ? » Autant de questions que j'évite de trop me poser d'habitude... Le train allait démarrer. J'étais côté couloir et, en levant la tête, mon regard fut attiré par une vieille dame d'au moins 90 ans qui poussait devant elle une valise presque aussi grande qu'elle. Oubliant pour un temps la mission qui m'attendait, je suis allée tout naturellement l'aider. J'ai porté sa valise et je l'ai rangée. Puis, j'ai aidé la dame à trouver sa place. Une fois confortablement assise, alors que je m'apprêtais à retourner à ma place, elle m'a pris la main. Sans la lâcher et en levant les yeux vers moi, elle m'a demandé d'une voix calme et douce : « Quel est votre prénom ? » J'étais un peu gênée, d'autant que d'autres voyageurs attendaient derrière moi de pouvoir rejoindre leur place. J'ai répondu : « Je m'appelle Dina. » Alors, tout en me tenant encore la main et sans quitter mon regard, elle m'a dit : « Dina, je vous remercie. »

Tout cela a duré à peine une minute, mais j'ai ressenti instantanément comme une chaleur dans tout mon corps. Et quand je me suis retrouvée à ma place, je n'étais plus tout à fait la même. Cette femme avait réussi à changer la couleur de ma journée. Subitement il faisait beau. Lorsque je me suis replongée dans la mission qui m'attendait, « Espoir » avait remplacé « Manque de confiance ». Je me sentais de nouveau forte, capable d'y aller. Et ce que j'avais préparé, finalement, n'était pas si mal. Cette femme, sans le savoir, m'avait rendu ma confiance.

Parce que le regard bienveillant qu'elle avait posé sur moi, le fait qu'elle m'ait pris la main, qu'elle ait prononcé mon prénom, m'avaient fait me sentir éminemment exister. Elle n'avait pas dit merci à n'importe qui. Elle avait dit merci à Dina. Elle m'avait vue, regardée, elle m'avait reconnue en tant qu'être humain qui a une valeur. Elle m'avait reconnectée à mon côté vivant et lumineux.

Quand nous sommes dans le doute et le manque de confiance en nous, nous ne sommes plus dans la vie, nous sommes dans la survie. Et quand nous sommes dans la survie, nous ne sommes plus dans la relation. Nous sommes centrés sur nous-mêmes et nos difficultés. Nous nous isolons.

L'expérience que cette vieille dame m'a fait vivre ce jour-là m'a énormément aidée. Ce qu'elle avait fait avec moi était exactement ce que je tente de faire et qui m'anime quand j'accompagne des personnes. Poser sur celles-ci un regard qui les fait se sentir à la fois exister et respectées. Pour les membres de l'équipe qui m'attendaient, plus que tout ce que j'avais préparé, l'important était qu'ils se sentent avec moi entendus et reconnus dans ce qu'ils vivaient et dans ce qui faisait sens pour eux. Écouter, accueillir, honorer doivent précéder l'amorce du changement.

C'est pour cette raison que, pour moi, une des nombreuses clés de la confiance en soi est de nous reconnecter à tous ceux qui, un jour, nous ont donné de la valeur. Nous avons une histoire avec chacune des personnes que nous connaissons ou que nous avons connues. Certaines de ces personnes ont eu une influence positive dans notre vie. Elles ont été les témoins de certaines de nos histoires, celles où nous faisons preuve de nos capacités et de nos compétences. Elles nous ont vu oser des choses, gravir les échelons, prendre des

risques, etc. Souvent, en situation de stress, nous perdons de vue nos compétences. Nous ne nous sentons plus « capables de ». D'où l'importance de faire revenir au premier plan les témoins qu'un jour « on a su faire ».
Vous allez découvrir dans ce livre d'autres clés de la confiance en soi afin d'avancer dans votre vie personnelle et professionnelle. Je sais que la posture de Mathilde, Mélanie, Géraldine et Bertrand, ses quatre coauteurs, et tout ce qu'ils vont partager avec vous aideront ceux qui le souhaitent à renouer avec l'espoir et à remettre du sens dans leur vie.

Dina Scherrer

Avertissement : Afin de faciliter la lecture, nous privilégierons l'emploi du masculin avec la valeur de neutre, qui désigne aussi bien les hommes que les femmes en tant qu'individus.

PARTIE I

SE FAIRE CONFIANCE : UNE RELATION À SOI

Il faut tâcher de changer ses jugements
plutôt que l'ordre du monde.
Épictète

La réalité est le produit du langage que nous employons
pour la décrire.
Wittgenstein

Clé n° 1 : Prendre de la distance avec son manque de confiance en soi

En nous efforçant d'atteindre l'inaccessible,
nous rendons impossible ce qui serait réalisable.
Paul Watzlawick

VU SUR UN FORUM INTERNET

• On me dit souvent que je manque de confiance en moi, cela dans tous les domaines, mais je ne comprends pas trop cette expression : « Manquer de confiance en soi »... Pourriez-vous m'éclairer ?
• Comment s'en sortir ? Pour être bien, pour montrer à autrui qu'on a confiance en soi ?

Comment expliquer que la confiance en soi, ou plutôt, son absence, occupe une telle place dans nos conversations, sur nos écrans ou les couvertures des magazines ? De quoi cette question récurrente est-elle le symptôme ? Sans définition claire du terme, la confiance en soi devient vite un objectif vague, un mot à la mode impossible à mettre en œuvre sur le terrain.

Nous tentons parfois d'y répondre en prenant la voie de l'explication et de la recherche des causes. Quand il est question de confiance en soi, chacun tâtonne afin d'en donner une définition. D'explications potentielles sur les dégâts de l'enfance, d'hypothèses plausibles quant à l'inné et l'acquis, en passant par l'importance de distinguer estime de soi et confiance en soi, la discussion se poursuit entre prudence et fascination, avant de se clore par la même question : « Mais au juste, la confiance en soi, c'est quoi exactement ? »

La confiance en soi à l'épreuve du contexte

L'épreuve de l'incertitude

Jusqu'à la révolution industrielle, dans le monde occidental, l'identité des individus était en grande partie fondée sur le territoire et sur l'appartenance de chacun au groupe qui y vivait. Dans ce type d'organisation sociale traditionnelle, c'est cette appartenance qui était fondamentale. Chacun était défini d'une part en fonction de son territoire : « Je suis français, bourguignon... », et d'autre part en fonction de son rang dans la collectivité. Les métiers étaient organisés en communautés : corporations, syndics et confréries regroupaient artisans, marchands, artistes. À l'intérieur de chaque corporation, les membres étaient apprentis, compagnons ou maîtres. Les représentations collectives et les institutions y étaient stables, hiérarchiques, structurantes et rassurantes. Quant aux relations de confiance entre les individus, elles étaient fondées sur l'honneur, c'est-à-dire sur le respect de la parole donnée, et de leur loyauté envers ces collectivités.
Dans les sociétés dites modernes en revanche, le territoire comme vecteur identitaire a peu à peu laissé la place aux idées : « Je suis royaliste, démocrate, républicain, écologiste, je suis favorable à..., je suis pour l'abolition de..., etc. » Les prises de position individuelles, syndicales, politiques se répandent alors, avec la revendication à l'autonomie et à la prééminence des droits individuels sur le groupe. Les relations de confiance ont aussi évolué : l'intérêt a peu à peu remplacé l'honneur comme fondement du lien social, et demeure de nos jours la base de l'économie libérale contemporaine. L'intérêt général étant la résultante de la somme des intérêts particuliers, la confiance perd son rôle central. C'est la relation contractuelle qui permet désormais aux intérêts particuliers de s'articuler, bénéficiant *in fine* à la société tout entière.
L'étymologie (« confier » vient du latin *confidere* : *cum*, « avec », et *fidere* « fier ») nous montre les liens étroits qui existent entre la confiance, la foi, la fidélité, la confidence, le crédit et la croyance. Dans les anciennes sociétés de l'honneur, celui qui n'était pas capable de respecter la parole donnée n'était plus digne de

confiance, et s'excluait *de facto* lui-même de la société. Dans le contexte libéral, la survalorisation de l'intérêt individuel a peu à peu contribué à faire naître une rivalité entre les individus d'un groupe et à installer une défiance généralisée. Aujourd'hui, croire en l'autre ne va plus de soi : cet autre est aussi une menace potentielle, susceptible de me mentir ou de me nuire pour privilégier son profit propre. Nombreux sont ceux qui préfèrent concevoir la confiance comme un mécanisme de réduction de ce risque. En intériorisant cette norme de la rivalité, ils tendent souvent à donner la priorité à leur indépendance et à leur gain. De fait, se méfiant de tous, ils recherchent pour se défendre une fausse confiance en soi, fruit d'un calcul rationnel, dont le béton armé les protégera... et les isolera des autres.
Nous sommes ainsi amenés à négliger une composante essentielle de la confiance : le fait qu'elle place d'emblée celui qui en fait usage dans un état de vulnérabilité et de dépendance.

L'épreuve de la complexité

D'un monde stable, linéaire, plutôt prévisible, nous sommes passés dans les années 1950 à un monde dominé par le changement permanent, l'individualisme et parfois la perte de sens. Avec la crise des institutions, chacun doit se faire sa propre place et assurer sa propre stabilité, en s'adaptant sans cesse. De là la valorisation des notions de souplesse, d'agilité, de réactivité, de formation continue, de remise en question permanente, ainsi que d'autonomie.

Cette mutation s'est accompagnée du passage d'une culture simple à une culture complexe. Vincent de Gaulejac, sociologue français contemporain[1], cite à ce titre l'exemple de Rank Xerox, entreprise américaine conceptrice du tout premier photocopieur, qui s'est longtemps cantonnée à ce seul domaine. Au cours de son développement, cette entreprise s'est mise petit à petit à produire une grande diversité de produits bureautiques, qu'il a fallu vendre dans un environnement de plus en plus concurren-

1. *Le Coût de l'excellence*, Paris, Seuil, 2007.

tiel. En échange d'une forte pression du fait des résultats de vente minutieusement contrôlés, les commerciaux recevaient, dans une logique « gagnant-gagnant », un salaire proportionnellement élevé aux ventes, avec en prime la possibilité de gravir rapidement des échelons. En conséquence, les commerciaux aussi bien que les décideurs et les acteurs de l'entreprise se sont lancés dans une course-poursuite faite d'objectifs à très court terme, qu'ils remplissaient mécaniquement. Ce fonctionnement était le support de leur réussite et la source de la reconnaissance par leur hiérarchie. D'une part, toute la relation avec la clientèle, qui repose sur la qualité du service, en a pâti. D'autre part, le commercial s'est retrouvé pris dans un double impératif contradictoire :

- décider dans l'urgence, obtenir des résultats rapides ;
- continuer à garantir la qualité de son service et se dévouer à son organisation.

Ces dédoublements illustrent la façon dont notre société de marché finit souvent par privilégier la performance au service d'intérêts parfois contraires aux valeurs personnelles des individus. De nos jours, les personnels de l'hôpital public témoignent eux aussi de leurs tiraillements : améliorer toujours plus la qualité, avec moins de ressources humaines auprès du patient. Les managers, de leur côté, doivent se ranger à des priorités financières parfois éloignées des enjeux touchant aux hommes dont ils ont la responsabilité. Les systèmes complexes reposent sur des logiques imbriquées qui engendrent pour les acteurs de terrain un conflit de valeur difficile à vivre au quotidien : « À qui suis-je fidèle en agissant comme je le fais ? » Cette distorsion entre les valeurs et les actes met à mal le sentiment de sécurité inhérent à la confiance en soi. Elle favorise des réactions d'angoisse, nourrit un sentiment d'échec personnel et fragilise également la confiance en l'autre. Les *burn-out* se multiplient, amplifiés par la surstimulation et l'inquiétude de n'en jamais faire assez, et mènent certains au désespoir. Résultats d'une action collective devenue illisible, et de ce que R. Soulignac identifie comme la conséquence d'une démoralisation au travail, l'épidémie de *bun-out* manifeste aussi, au plan individuel, une forme de résistance à l'auto-évaluation permanente, aux dérives de notre société de la norme et de la performance à tout prix.

L'épreuve de l'hyperconnexion

Avec l'avènement de la société de marché, chacun a été invité à développer ses compétences en termes d'adéquation et d'adaptabilité à la fois professionnelle, géographique et, de plus en plus souvent, personnelle. Cette évolution s'est accélérée avec l'envahissement et la reconfiguration de nos vies par le numérique et ses réseaux sociaux. Pour nous tous, Internet est devenu un vecteur incontournable de lien social. Pour les plus isolés, il représente même une connexion salutaire.

Aux États-Unis, un nouveau mouvement voit le jour[2] : trouver la confiance en soi par Internet. Des milliers de sans-abri ont recours au réseau pour retrouver, non pas confiance en eux *via* des tutoriels sur YouTube, mais tout simplement une place dans la société. Bibliothèques et associations offrent aux *homeless* (sans-abri) un support d'identité en leur fournissant une adresse mail. Le Net leur donne aussi le courage d'aller au contact (virtuel) de l'autre, ce qui est déjà un (réel) premier pas. Il représente ainsi une source d'information et de contacts incomparable pour obtenir les adresses de lieux d'accueil, banques alimentaires et centres de soins gratuits, voire de sites pour trouver un emploi.
À 50 ans, Matthew B. a passé le quart de sa vie dans la rue et survit, depuis trois ans, d'une maigre subvention. Il hante la bibliothèque de San Francisco, les yeux rivés sur l'écran des ordinateurs. « *C'est la première fois*, dit-il, *que j'ai le sentiment d'appartenir à une communauté. Il est moins intimidant d'être sur Internet que de rencontrer les gens face à face.* »

L'exemple du smartphone

L'accès à l'autre que permet Internet aide à rompre l'isolement social et peut même être une base pour se réinsérer et reconstruire un sentiment d'appartenance. Pour autant, l'hyperconnexion crée de nouveaux types d'isolement.

---

2. Enquête de Tatiana de Rosnay pour le magazine *Psychologies*, décembre 2014.

• Isolement dans la relation à soi : notre smartphone contient, en plus de nos contacts, notre agenda, nos comptes, nos références, nos musiques, nos photos. Il devient une extension de nous-mêmes. Quand il n'est pas à nos côtés, nombre d'entre nous ont le désagréable sentiment de ne pas être complet. Moi-même, en écrivant ces lignes, je me suis forcée à mettre mon portable dans la pièce voisine, réalisant quel effort me coûtait ce geste simple !

• Isolement dans la relation au monde : nous satisfaisons notre besoin d'immédiateté au détriment de la connexion au « présent ». Aujourd'hui, il est peu admis qu'un message ne soit pas suivi immédiatement d'une réponse. Dès lors, il est nécessaire d'emporter partout son smartphone avec soi pour satisfaire cette exigence. Depuis l'apparition de la 4G, la cyberdépendance ou encore la « nomophobie » (de l'anglais *no mobile phobia*) désigne l'usage excessif des écrans de smartphone ou de tablette. Elle se traduit par l'incapacité de ne pas consulter sans cesse son Facebook au travail ou dans la rue ou, pire, l'angoisse réelle à l'idée d'être séparé de son smartphone, dont de nombreuses personnes reconnaissent souffrir. Ainsi, selon une enquête Ifop (2014), 78 % des moins de 25 ans se déclarent dépendants à leur mobile tout comme 62 % des cadres supérieurs. Les utilisateurs de smartphone sont également plus concernés par cette dépendance (58 %). Une notification chasse l'autre. Les nouvelles qu'elles nous donnent sont volontiers alarmantes. Inquiétude économique, désastre écologique, attaque terroriste ou fait divers sordide près de chez soi sont susceptibles de se signaler à tout instant, nous installant dans un climat d'insécurité et de méfiance perpétuel, où que nous soyons.

• Isolement dans la relation aux autres : au bureau, dans les transports, au restaurant, et même en couple, l'attention aux personnes réelles qui nous entourent en pâtit, ainsi que les relations de confiance. Stefana Broadbent, anthropologue et enseignante à la College University (Londres), rappelle combien l'attention est fondamentale dans toute relation : « *C'est bien plus que regarder l'autre, c'est lui donner un statut.* » Cette concentration sur le smartphone peut donc être vécue comme une « humiliation ». Sentiment ressenti d'autant plus fort qu'utiliser son smartphone en présence d'un autre, ce n'est pas seulement l'ignorer, c'est aussi inviter une, deux, trois, dix ou mille personnes dans sa relation, dans cet instant privilégié avec lui. Des invitations qui créent en outre des obligations en termes de présence et de réactivité. Certains optent pour la déconnexion. « *À la longue, ça devenait une source ultime d'anxiété* », confie Sébastien, 29 ans, qui a depuis cessé d'utiliser la télévision et les réseaux sociaux. « *Je préfère choisir les moments où je vais vers l'information, raisonnablement, et ne plus la vivre comme une quête permanente, un flux avec lequel il ne faudrait plus lâcher prise.* » Pour les autres, de simples gestes comme éteindre sa télévision, fermer l'onglet de son compte Facebook ou désactiver les notifications de ses applications sont devenus presque libérateurs. Une enquête du *Monde*, à la suite des attentats de novembre 2016 à Paris, montre comment la déconnexion devient une décision réfléchie, pour « *garder la tête froide* », comme le confirme Anne-Laure, 27 ans. « *Ne pas être happé par l'information demande une grande vigilance. Ce n'est pas facile du tout, car les réseaux maintiennent un lien social dont on ressent la nécessité, surtout en cas d'attentat. Mais c'est nécessaire pour mener une vie sereine.* »

La façon dont nous « consommons » de l'information et dont nous respectons les limites de notre tolérance aux sollicitations a une influence non négligeable sur la confiance que nous accordons au monde, aux autres, et *in fine* à nous-mêmes. L'hyperconnexion s'inscrit pleinement dans la culture de la défiance et du manque, qui nourrit à la fois l'envie et la peur de l'autre et du monde. Envie, peur, deux fermetures anxieuses pénibles, mais dont savent tirer profit les publicitaires : l'anxiété pousse à consommer et de la publicité, *via* la consultation des sites les hébergeant, et des biens vantés par elle. Céder à une pulsion d'achat soulage en effet un état d'inconfort, en éloignant, au moins pour un moment, ce que M. White appelle « *le spectre de l'échec personnel* », en remplaçant ce sentiment de manque et d'inadéquation par des émotions positives, quoique souvent fugaces.

Contrôle ou confiance ?

À ces trois données : la défiance, la complexification, et la tendance à l'hyperconnexion, vient donc s'ajouter, comme l'eau au moulin, l'influence de la société de consommation de masse, qui brasse les manques qu'elle fabrique en permanence.
Sans nous en rendre compte, nous vivons dans un état de manque quasi habituel. Sur les couvertures des magazines s'affichent les corps parfaits que nous aurions bientôt si seulement nous acceptions de suivre la dernière méthode en six semaines. Manque de temps, manque de débouchés, manque d'énergie, manque d'appétit, plus rien à se mettre, manque de sommeil, de perspectives, d'argent... sans oublier : manque de confiance en soi. Mais qui est donc ce « soi » à qui nous devrions absolument nous fier pour y arriver ? Nombreux sont les livres de management et de développement personnel, les émissions de radio et de télévision, les stages, les numéros spéciaux des magazines qui abordent ce sujet et proposent des techniques pour retrouver à coup sûr confiance en soi : valoriser son image, créer son *personal branding*, s'affirmer face aux autres. À l'image de la société dont nous sommes issus, nous sommes encouragés à nous voir nous-mêmes comme des entités – voire des produits ? – à améliorer, avec souvent une idée de performance et de rivalité à la clé. Si l'on en croit ces slogans, celui qui ne montre pas cette assurance est forcément passé à côté d'un « truc » essentiel. Sa négligence à appliquer ces recettes le rendrait presque responsable de ses carences.
Quand le manque de confiance veut coloniser notre vie, il se fait souvent précéder de ses majorettes. Au pas et en cadence, elles scandent leurs maudites injonctions : « Tu devrais : gérer tes émotions et rester zen, aller plus vite, mais peser tes décisions, avoir plus d'assurance, mais être plus à l'écoute, être plus patient, mais agir plus rapidement, être une mère/fille/compagne parfaite, un père/fils/compagnon idéal, travailler plus efficacement, mieux y arriver dans la vie, etc. » Les conventions sociales, la vie professionnelle demandent de jouer un rôle, certes, mais quand une personne en fait trop, sans jamais en faire assez à ses propres yeux, ou se « survend », comme on peut parfois le voir en entretien

d'embauche, elle prend le risque d'être démasquée, de nourrir un sentiment d'imposture, ou encore de devenir ce rôle-là plutôt que d'être elle-même, avec dans tous les cas une immense fatigue à la clé. Une fatigue telle qu'elle a donné naissance à la maladie typique de notre époque : le *burn-out*.

Quand nous sommes désaccordés de nos propres valeurs, les impératifs de compétitivité et le sentiment d'urgence nous font perdre de vue nos véritables priorités, et nous conduisent à adopter celles des « autres », terme compris comme désignant des représentants fantasmatiques d'une norme censée nous protéger de l'isolement, de l'échec ou du ridicule. Les impératifs auxquels nous nous soumettons sont alors considérés comme allant de soi : cela va de s'obliger à maigrir avant l'été, ou de porter des vêtements qui ne nous vont pas, mais sont à la mode, à abuser d'un jargon d'entreprise dans les CV, ou à surévaluer ses compétences. Tant d'autres mises sous pression qui ont inspiré à Fabrice Midal le titre de son essai vivifiant : *Foutez-vous la paix !*

« Je devrais être sûr de moi en entretien »

Vraiment ? Une étude Ifop de septembre 2015, révèle des différences entre ce que les candidats anticipent des attentes des recruteurs et ce que les recruteurs attendent effectivement : 43 % des candidats estiment que les recruteurs attendent d'eux qu'ils fassent preuve de confiance en soi lors de l'entretien. Pourtant, seulement 24 % des recruteurs confirment que c'est important pour eux.

Des conduites qui suscitent démoralisation et alimentent des sentiments d'insuffisance. « *Un sentiment général de frustration fait que les candidats se sentent obligés d'insérer des clichés RH dans leurs CV* », relève Paul Bennie, chasseur de têtes londonien, qui cite des formules stéréotypées telles que : « *Capable de travailler vite et bien dans un environnement sous pression, collaborateur décisif avec succès avéré dans la construction de relations pérennes.* » Les difficultés que nous rencontrons à satisfaire toutes ces exigences à la fois nous conduisent à nous standardiser, à nous banaliser, et donc à nous désaccorder toujours davantage. Ces injonctions pèsent sur l'opinion que nous avons de nous-mêmes, sur nos choix et sur nos façons d'agir. Nous en venons à ne plus savoir ce qu'il est juste de faire, et à avoir honte de notre singularité. Or dans quelle mesure ces impératifs sont-ils bien les nôtres ?

Notre contexte culturel nous encourage à construire notre autonomie contre les autres, dans la défiance et la rivalité, à la manifester à la fois par la différenciation (« Soyez vous-mêmes... ») et par l'imitation compétitive (« en suivant la mode... »). Faire confiance, compter sur l'autre, voire être amené à s'appuyer sur lui en cas de vulnérabilité (pensons aux personnes en recherche d'emploi ou qui traversent une difficulté personnelle –, accident, maladie, grand âge) est souvent perçu comme un signe de faiblesse et d'insuffisance, voire comme une atteinte à la dignité de la personne elle-même. Dans le *Contrat de défiance*[3], Michela Marzano montre combien la confiance est parfois réduite à une compétence personnelle à améliorer sans cesse, censée nous armer pour faire partie des gagnants qui, eux, n'ont pas besoin des autres. Nous obéissons à ces injonctions. Pourtant, aucune loi ne vient nous y contraindre. Les normes d'efficacité, de performance, et les pseudo-manques suscités par la société de consommation nous sont extérieurs, mais nous les internalisons comme si elles nous concernaient individuellement. Sans même nous en rendre compte, nous devenons notre propre gardien, en nous demandant à tout propos : agissons-nous conformément, ou non, à ce qui est attendu de nous : svelte, jeune, performant, mobile, polyvalent, flexible, connecté et sûr de soi ? Ces impératifs nous questionnent : jusqu'à quel point nos manques de « confiance en soi » sont-ils bien les nôtres ?

Pour en savoir plus, observez d'un peu plus près votre manque de confiance en vous. Vous remarquerez que vous en savez déjà beaucoup. Imaginez que le manque de confiance est par exemple une grande multinationale, aux ambitions pareilles à toutes les autres, et usant de ses propres stratégies.

---

3. Paris, Grasset, 2010.

QUESTIONNEZ-VOUS...

Démasquer le manque de confiance en soi

- Quel pourcentage de la population pensez-vous que le manque de confiance en soi a recruté cette année en France ?
- Selon votre expérience, quelle est la stratégie la plus efficace employée par le manque de confiance en soi pour recruter de nouvelles victimes ?
- À votre avis, en quoi le culte de ce qui est performant, maigre et juvénile dans les médias est-il un allié du manque de confiance en soi ?
- Pouvez-vous nommer trois activités anti-manque de confiance en soi rencontrées dans votre vie ?
- Quel conseil donneriez-vous à une personne qui se trouve actuellement recrutée par le manque de confiance en soi ?
- Si vous aviez la possibilité d'avoir une conversation de quelques minutes avec le manque de confiance en soi, qu'auriez-vous envie de lui dire ?
- Pour qui serait-ce utile d'entendre ce que vous avez à dire ?

Ces questions[4] sont le support des conversations narratives, dans lesquelles le problème est séparé du sujet, afin que celui-ci se perçoive comme extérieur à ce qu'il endure, et reprenne du pouvoir sur sa vie.

Derrière l'écran du manque de confiance en soi

La confiance en soi, un concept flou et paradoxal

On la définit tantôt comme l'absence de doute lors de la réalisation d'une tâche, tantôt comme la clé de la réussite professionnelle et personnelle, voire comme la meilleure façon d'attirer la prospérité et le succès. Les difficultés rencontrées pour passer à l'action et s'ouvrir aux autres sont souvent attribuées à un « manque de confiance en soi ». Chacun convient qu'il est plus confortable d'aller de l'avant dans nos vies et nos relations avec un sentiment de confiance en nous-mêmes. Pourtant, à voir le nombre

4. Voir Julien Betbèze, *Interventions et thérapies brèves*, Paris, Masson, 2016.

d'ouvrages, de magazines, de sites et de blogs qui fleurissent autour de ce thème, atteindre un « niveau » satisfaisant de confiance en soi n'est pas si évident. Sans doute parce que la confiance en soi est un concept flou et paradoxal.

• **Un concept flou :** Confiance en soi : en la vie, en ses capacités, en sa bonne étoile, en l'image que l'on renvoie ? S'agit-il d'avoir toujours « plus » de confiance en soi ? En rapport avec quelle norme ? Où arrêter le curseur ?

• **Un concept paradoxal :** Plus on parle de confiance en soi, plus on la valorise comme une fin en soi, et plus on est inquiet d'en manquer. Peut-on réellement trouver à l'extérieur, dans des préceptes souvent véhiculés par la norme et les réseaux sociaux, le moyen d'augmenter un sentiment intérieur et si particulier de confiance en soi-même ?

Pourtant, malgré son caractère difficile à cerner, critiquable, et bien qu'elle renvoie à nombre d'autres concepts eux-mêmes objets de multiples interprétations (soi, identité, personne, normalité), la notion de confiance en soi semble devenue incontournable.

Mille et une confiances en soi

Il existe autant de confiances en soi que d'individus. Chacun a sa représentation, sa carte du problème, c'est-à-dire sa façon d'en parler. Une des cartes les plus partagées concernant la confiance en soi est celle qui la décrit comme une compétence individuelle que l'on possède ou qui nous manque, et dont on peut augmenter le niveau à force de recettes plus difficiles à appliquer qu'il n'y paraît : croire en soi, être soi-même, oser, s'affirmer, être assertif, etc. Oui, sauf que justement, on n'a pas encore confiance en soi ! En tant qu'auteur, je ne sais pas quelle est votre vision du monde ni, en tant que coach, celle de la personne que j'accompagne. Face à mes clients, je suis comme le « Martien » d'Éric Berne : mes questions sont très naïves.

QUESTIONNEZ-VOUS...

« Je n'ai pas confiance en moi... »
• Qu'est-ce que cela signifie pour vous ?
• Quand vous manquez de confiance :
– Quelle image avez-vous de vous-même ?
– Qu'est-ce qui occupe votre esprit ?
– Que faites-vous alors ?
– Qu'est-ce qui vous dérange le plus ?
• Pourriez-vous me raconter une situation dans laquelle vous aimeriez avoir confiance en vous ?

Il n'y a pas un seul modèle de confiance en soi, mais autant de « confiances » en soi, c'est-à-dire de relations à soi, que d'individus. Par ailleurs, la confiance que nous avons en nous-mêmes est fluctuante. En général, nous avons tendance à toujours vouloir la renforcer, oubliant que, dans certains cas, comme en contexte d'apprentissage, le manque de confiance en soi est une réponse qui peut s'avérer tout à fait adéquate[5].
Les petits et grands défis auxquels nous faisons face au cours de nos vies sont divers, et, de même, en y regardant de plus près, bien qu'étant tous exprimés sous la même formule, chaque manque de confiance en soi possède sa propre histoire. Quand nous affirmons : « Je n'ai pas confiance en moi », faute de pouvoir l'expliquer, nous donnons souvent des exemples : j'ai du mal à passer à l'action, j'ai des réticences face aux changements, j'ai tendance à ruminer mes déceptions, à me sentir coupable si je perçois qu'une personne est réservée à mon égard, je n'arrive pas à voir mes qualités, je n'aime pas donner mon avis, etc. Chacun possède ses histoires de confiance, et de manque de confiance. Et ce sont justement ces histoires particulières qui donnent corps à ce terme impersonnel et générique de « confiance en soi ». Face à ce diagnostic vague et peu aidant, chacun est preneur de clés efficaces, de trucs et d'astuces probants. Mais, nous le comprenons maintenant, à l'image d'une carte ne parvenant jamais à décrire complètement le territoire qu'elle décrit, les recettes toutes faites échouent généralement à

5. Voir « Nourrir sa confiance », p. 154.

épuiser le sujet de la confiance en soi en tant que réalité vécue différemment par chacun de nous. Aussi judicieux soient-ils, les conseils venus de l'extérieur peuvent être profitables à court terme, mais ne font pas souvent long feu. Pourquoi ? Parce qu'ils s'adressent à tous, à ce que chaque manque de confiance en soi a en commun, mais atteignent mal le cœur de la relation personnelle que nous établissons chacun en nous-mêmes avec elle.

Envisager la confiance en soi comme une dimension unique relevant de paramètres identiques pour tous reviendrait à masquer sous un écriteau géant l'infinie variété de nos réalités et la fine horlogerie des sentiments qui nous habitent. Nous abritons en nous quantité d'expériences et de souvenirs. En notre for intérieur, nous faisons vivre des priorités, des buts, des relations, des émotions et des perceptions que nous sommes seuls à pouvoir connaître, oublier, ou nous remémorer. Nous faisons aussi vivre des moments de confiance et des moments de manque de confiance, tout aussi naturels les uns que les autres : leur va-et-vient dans notre existence participe de la vie. C'est quand leur mouvement se grippe que le manque de confiance nous fait souffrir : il teinte alors la plupart de nos pensées, nous sépare de nos émotions, nous place en rivalité face aux autres, et réduit le champ de nos choix et de nos actions.

Lorsque nous manquons de confiance en nous, nous réduisons le spectre de nos jugements, de nos actions, et de nos relations. Nous donnons une plus grande place au jugement des autres. Ils deviennent les représentants d'une autorité normative dont nous nous mettons à craindre plus ou moins confusément le jugement. Celui qui connaît une crise de manque de confiance remet ses compétences, ses désirs, voire sa valeur, entre leurs mains : « Puis-je me permettre de porter tel vêtement, de dire telle opinion, de prendre telle décision ? Que vont en penser mes amis ? mes voisins ? mes collègues ? les passants ? » Cette attitude le fait basculer dans une appréhension permanente. Les autres étant perçus soit comme des rivaux, soit comme des juges, voire comme des censeurs, l'action est ainsi perçue comme bien plus dangereuse qu'elle ne l'est en réalité. L'enjeu n'est plus l'initiative elle-même, mais l'image de soi, la réputation, la crédibilité qu'elle va donner ou non au sujet. Le regard des autres devient le phare de mes décisions : le sujet ne peut s'empêcher de se comparer, d'anticiper chaque remarque que l'on pourra lui faire, puis de vérifier l'effet qu'il produit sur les autres. Ayant donné à l'autre le pouvoir d'être l'ultime garant de sa conformité, c'est aussi à lui qu'il délègue le soin de confirmer qu'il est bien valide en tant que membre du groupe.

Face à ce qui nous déplaît, à ce que nous n'aimons pas faire, ou encore à ce que nous ne connaissons pas encore, nous ressentons parfois un sentiment mêlé de crainte et d'insécurité qu'il nous est difficile de nommer. Nous en déduisons : « Je n'ai pas confiance en moi. » Lorsque nous sommes confrontés à une difficulté, nous prenons toujours une décision (même ne rien faire résulte d'une décision !) et mettons en place un comportement pour y faire face. Si ce comportement s'avère efficace et nous permet de surmonter ce contre quoi l'on bute, la prochaine fois que nous aurons affaire à une difficulté semblable, nous réutiliserons une stratégie similaire. Seulement, pour ce nouveau problème, l'ancien comportement risque fort d'être inefficace. Il maintient voire aggrave la situation : c'est ce que l'École de Palo Alto appelle des « *tentatives de solutions* ». Il nous arrive d'interpréter le comportement de quelqu'un comme une manifestation d'un manque de confiance en soi, alors que ce dont il manque, c'est d'informations pour agir autrement. Sa difficulté actuelle l'a pris de court, et il n'a pu explorer d'autres options pour s'en sortir que celles dont il avait déjà connaissance, et expérience.

Hervé, cadre dans les assurances en poste depuis un an, m'est présenté dans le contexte d'une cohésion d'équipe. Son manager le décrit comme rencontrant des difficultés relationnelles avec ses collègues. Il m'explique : « *Hervé est un sérieux et gentil garçon, mais il manque terriblement de confiance en lui. Les autres le trouvent renfermé, il est dans sa bulle et ne trouve pas sa place dans l'équipe.* » De son côté, Hervé dit avoir plutôt de bonnes relations avec ses collègues, mais se plaint de manquer de confiance en lui sur le plan professionnel. « *J'ai toujours travaillé seul auparavant. Ici, en* open space, *je n'y arrive pas. Les sonneries, le passage continuel, ça me gêne beaucoup. Du coup, je travaille trop lentement. Par peur de prendre du retard, je limite les pauses et le temps passé avec les autres. J'aimerais bien les voir plus, mais je ne peux pas faire autrement.* » Hervé n'avait jusque-là jamais pensé à parler à ses collègues de la gêne que lui causaient les inconvénients du travail en *open space*. Quand il a accepté la légitimité de son besoin de tranquillité, il en a parlé avec son équipe qui a très bien compris. Il a installé une jolie plante qui limite symboliquement son espace. Il assume désormais son besoin de prendre une pause lorsqu'il se fait sentir, sans culpabiliser. Hervé ne manquait pas de confiance en lui. Il lui manquait seulement d'apprendre à accorder, par le dialogue, ses besoins avec les codes de son environnement professionnel.

Vous n'êtes pas le problème

J'ai choisi d'articuler la question du manque de confiance en soi du point de vue de l'approche narrative[6]. L'approche narrative est issue des travaux de Michael White (thérapeute et travailleur social australien) et de David Epston (néo-zélandais) dans les années 1980-1990.

Classiquement, on considère que le problème a une influence sur la vie de la personne, sur ses actions et sur ses relations. Par exemple, le problème de manque de confiance en soi est comme « collé » à celui qui s'en plaint : « Je manque de confiance en moi », « Je suis anxieux », « Je suis timide. » Porteuse d'un symptôme, d'une carence, la personne est supposée « dysfonctionner » : elle « est » dépressive, timide, hyperactive, paresseuse. Michael White inverse la dynamique : « *La personne n'est pas le problème, le problème est le problème.* » Il part du principe que c'est la personne et ses proches qui influencent le problème et agissent sur lui. L'approche narrative permet, en externalisant le problème, de le considérer comme une entité extérieure nourrie par un contexte donné, et de redéfinir le sujet comme l'expert de sa relation à son problème. Si la personne

6. L'approche narrative a été créée au début des années 1980 en Australie par Michael White et David Epston afin de mettre en valeur les initiatives personnelles et les intentions, et d'aider les personnes à redevenir actrices de leurs propres vies. Voir bibliographie en fin d'ouvrage.

n'est pas réduite à son problème, mais entretient une relation avec lui, alors cette relation peut être modifiée. Le problème est venu ? Il peut partir ! Comment ?
En retissant les fils de la relation à ses intentions, à ses initiatives, et aux autres, pour reconnecter la personne à ses valeurs et au versant le plus vivant de son identité.
Certains d'entre vous auront ainsi peut-être envie, comme nous le faisons en entretien, de donner un nom à leur manque de confiance en soi : Monsieur ou Madame Untel, un surnom, ou même celui d'un animal.
Les questions ci-après vous permettent de déplacer à l'extérieur de vous le manque de confiance en soi. Quand nous disons : « Je manque de confiance en moi », nous avons tendance à envisager ce « manque » comme une malformation qui affecte le cœur de notre identité, et finit par altérer notre personne propre : nous devenons bientôt une partie du problème.

QUESTIONNEZ-VOUS...

Petite enquête derrière l'écran du manque de confiance en soi

- **Jusqu'à aujourd'hui, qu'est-ce que le manque de confiance en soi vous a fait faire que vous ne voulez plus faire ?**
- **Comment le manque de confiance en soi s'y est-il pris pour vous recruter ?**
- **Depuis quand intervient-il dans votre vie ?**
- **Qui sont ses alliés ? Qu'est-ce qui le renforce, lui donne de l'assurance (personnes, contextes) ?**

Nous avons une relation à notre histoire de confiance

À ce stade de notre réflexion, nous pouvons faire trois observations.

- Le contexte actuel contribue de façon significative à nos sentiments de manque de confiance en soi.
- Aucun de nous n'a décidé de manquer de confiance en soi.
- La richesse et la complexité de notre identité ne se réduisent pas au manque de confiance en soi

Si nous sommes d'accord avec ces observations, il devient alors logique de considérer le manque de confiance en soi non comme un « manque », mais comme un problème extérieur à nous-mêmes, une sorte de virus qui ne nous aurait sans doute pas atteints si nous vivions ailleurs ou à une autre époque. Nous blâmons-nous de subir une inondation ? Non, au lieu de nous critiquer personnellement, nous nous occupons plutôt de savoir comment intervenir contre le problème : le responsable, c'est lui. Il nous influence ? Nous pouvons à notre tour contrecarrer son influence, agir contre lui, nous liguer avec d'autres (proches, professionnels) afin de rassembler des moyens pour le combattre.
Le manque de confiance en soi n'est plus une déficience interne (« Je manque de confiance en moi »), mais quelque chose d'extérieur et de mobile : le manque de confiance en soi est entré dans ma vie (« Un manque de confiance a fait irruption dans ma vie »). Il s'y maintient en vertu de conditions qui lui sont pour le moment favorables. Mais je peux prendre position face à lui. Il peut en sortir, car j'ai le pouvoir de construire mon identité autour d'histoires dans lesquelles il aura une autre place, voire pas de place du tout. Dès lors que je peux interagir avec le problème, j'ouvre l'éventail de mes choix, et je prends la responsabilité de mes actes.

QUESTIONNEZ-VOUS...

Mettre votre manque de confiance à distance
- **Qu'est-ce que le manque de confiance en soi vous fait faire que vous ne voulez plus faire ?**
- **Sur quoi le manque de confiance en soi vous oblige-t-il à vous focaliser ?**
- **Comment influence-t-il vos relations ?**

Quand le manque de confiance en soi est suffisamment à distance de nous-mêmes, nous retrouvons une capacité à observer son influence. Le jeu de questions qui suit va vous aider à visualiser le manque de confiance en soi comme quelque chose d'extérieur, que vous pouvez dès lors décrire. Peu à peu, vous vous découvrez expert en description du problème. Bientôt, vous vous rendrez compte que vous l'êtes aussi pour lui résister et pour donner la première place, non plus au problème, mais à la personne que vous voulez vraiment être.

QUESTIONNEZ-VOUS…

Comment le manque de confiance en soi influence-t-il votre vie ?[7]

- Qu'est-ce qu'il cherche à vous faire croire sur vous ?
- Quelles sont ses tactiques pour changer votre vie ?
- D'après vous, quels sont les plans du manque de confiance pour votre vie ?
- Quelles promesses vous a-t-il faites en échange de son influence ? Les a-t-il tenues ?
- Comment affecte-t-il les espoirs que vous avez concernant votre vie ?
- Externaliser nous permet aussi d'explorer nos prises de position sur les effets du manque de confiance en soi dans notre vie :
  – Qu'en pensez-vous ?
  – Diriez-vous que le manque de confiance en soi a une influence négative dans votre vie ? Positive ? Ni l'un, ni l'autre ? Un peu des deux ?
  – Comment se fait-il que vous preniez cette position à ce sujet ?
  – Votre relation au manque de confiance a-t-elle toujours eu la même intensité, ou bien évolue-t-elle avec le temps ?
- Y a-t-il eu une fois où vous n'avez pas laissé le manque de confiance vous influencer ?
- Qu'est-ce que cela dit de votre capacité à résister ?

Cette enquête nous conduit à mieux comprendre l'influence du manque de confiance en soi dans notre vie, mais aussi à accorder une place plus grande à notre initiative : au lieu de nous laisser envahir par le problème, nous pouvons reconnaître les actions que nous avons déjà engagées pour le contrer, en envisager d'autres, voire nous liguer pour faire équipe contre lui. En cela, l'externalisation favorise notre responsabilité et nous aide à reprendre du pouvoir sur nos vies.

7. Marie-Nathalie Beaudoin, *Introduction à l'approche narrative*, Australie, Dulwich Center, Australie, 2000.

L'identité, du latin *identitas*, « qualité de ce qui est le même », renvoie à l'idée d'adéquation de soi à soi, et au fait qu'un individu (indivisible) est bien celui qu'il dit être ou présume être. La notion d'identité renvoie donc à ce qui est permanent en nous : notre singularité. Or, tout nous indique, comme le dit si plaisamment Montaigne, que ce qui fait notre singularité et notre permanence, c'est le caractère relationnel et composite de notre être : « *L'homme, en tout et partout, n'est que rapiècement et bigarrure*[8]. »
L'approche narrative pose comme hypothèse fondamentale que chaque individu se construit un récit à partir des événements de sa vie. Tout au long de la vie, nous relions nos expériences en histoires auxquelles nous donnons un sens et qui contribuent à façonner notre identité.

Nous sommes des êtres multihistoires

Plusieurs façons de raconter la même histoire...

Quand une personne parle de sa relation à la confiance en soi, elle sélectionne, organise et structure des faits de manière à illustrer et confirmer le sens qu'elle a choisi de donner à cette histoire. Nous composons avec notre humeur, notre émotion, nos expériences passées, notre environnement présent. De fait, cette sélection se fait au détriment d'autres éléments. Mais nos histoires sont aussi influencées par ceux qui nous écoutent, elles fluctuent et s'adaptent en fonction d'eux.
Imaginons une jeune femme, Olga, à qui nous demanderions de nous expliquer ce que représente la confiance en soi dans sa vie. Ne nous connaissant pas, elle nous exposerait peut-être sa vision de façon assez générale. Sa meilleure amie lui poserait la même question, sa réponse serait sans doute plus personnelle, influencée par son humeur, par celle de son amie, et par la nature de leur relation.

8. Michel de Montaigne, *Essais*, t. III.

Si, en revanche, la question lui était posée au bureau, Olga répondrait encore différemment que ce soit à sa responsable Patricia, qu'elle apprécie, ou à son collègue Rémi, qui l'impressionne.

En fonction de ce que nous choisissons de retenir ou de négliger

À certaines des personnes que j'accompagne et qui disent manquer « totalement de confiance en elles », je demande parfois de noter leur niveau de confiance pour, par exemple, lacer leurs chaussures, écouter la radio, préparer leur petit déjeuner, sourire à leur conjoint, chanter avec leur enfant. Je les invite à poursuivre la liste des situations où elles ne manquent pas de confiance en elles. De nombreuses situations jusque-là négligées se font alors remarquer par leur absence d'inconfort : ni la timidité, ni le manque de confiance en soi, ni le complexe d'infériorité ne sont alors présents. Quand nous manquons de confiance en nous, c'est toujours dans des situations bien particulières.

À partir de nos interprétations et des liens que nous établissons entre les événements, nous choisissons certains éléments et en laissons d'autres de côté, que nous finissons par ne plus prendre en compte. Nous commençons alors à organiser nos différentes histoires sous un thème unique, une version « dominante » de notre histoire de vie. Certaines histoires réductrices prennent beaucoup de pouvoir dans nos vies en influençant négativement l'image que nous avons de nous-mêmes. Arnaud, 38 ans, s'est d'abord présenté à moi ainsi : « *Je suis quelqu'un qui a abandonné ses études en cours d'année, qui n'a jamais obtenu son master de droit public. J'ai laissé en plan la rédaction de mon mémoire, et depuis je ne l'ai jamais repris. Bref, je suis un velléitaire.* »

À l'inverse, nous pouvons construire à partir de nos expériences préférées de nouvelles histoires, et créer ainsi de nouvelles possibilités de vie plus proches de nos aspirations. Considérer que nous avons une relation avec le manque de confiance nous permet de prendre de la distance avec lui et ouvre d'autres possibilités. Nous pouvons alors tisser ensemble des pans négligés de notre histoire et nous étonner de la beauté de nos valeurs, de nos initiatives, de nos relations et de nos aspirations. Ainsi, Arnaud a redonné du sens à ce qu'il avait jusqu'alors considéré comme des échecs : l'abandon de son master procède d'un choix, celui de retourner vivre près de ses parents malades. L'inachèvement de son mémoire ne l'a pas empêché d'être embauché dans le service d'une grosse agence immobilière qu'il a contribué à moderniser. Ayant longtemps porté le complexe de n'avoir pas obtenu tel diplôme, il est aujourd'hui fier des réalisations qu'il a accomplies en dépit des obstacles.

La confiance :
la coopération au centre de l'identité

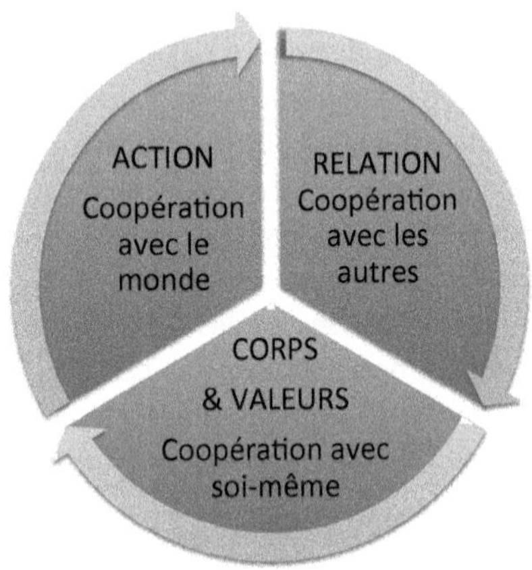

Tout au long de la vie, l'aptitude à se faire confiance s'éprouve et se construit au travers de nos expériences. Les instants dans lesquels nous pouvons nous faire confiance et avoir confiance en l'autre se déploient dans les trois dimensions de l'identité[9].

9. Ces trois dimensions sont appelées dans l'approche narrative le paysage de l'identité (relation à soi), le paysage de l'action (relation au monde) et le paysage de la relation (relation aux autres).

Les points d'appui de la confiance en soi

• La confiance dans la relation à soi concerne l'identité : nos rêves, espoirs, buts, qui donnent de la valeur à notre vie.
• La confiance dans la relation au monde concerne nos initiatives et les actions qui ont du sens pour nous.
• La confiance dans la relation aux autres concerne notre perception d'autrui, nos liens d'appartenance et d'interdépendance, avec toutes les personnes qui ont eu une influence positive dans notre vie.

Quand une personne cherche à en savoir plus sur les « clés de la confiance en soi », c'est peut-être qu'elle se sent empêtrée dans une histoire insatisfaisante, qui la fait souffrir en l'éloignant de la personne qu'elle souhaite être.

Les pratiques narratives visent à l'aider en lui faisant comprendre l'influence de certaines histoires dominantes (culturelles, sociales, familiales), puis à en créer d'autres, incluant de nouvelles perspectives et interprétations. Chacun possède de nombreuses compétences, valeurs, croyances, qui lui sont utiles pour réduire l'influence des histoires pauvres, et pour favoriser d'autres choix et de plus grandes possibilités dans sa vie.

De l'histoire étroite à l'histoire riche

Deux modèles de confiance en soi

Deux modèles de confiance en soi peuvent servir de support à notre identité. L'un : « Je dois avoir plus confiance en moi », est fondé sur la lutte contre ce que nous considérons comme nos faiblesses, et une forme de rivalité avec soi-même dans l'action et dans le rapport aux autres. Son credo : Sois fort ! L'autre, fondé sur une relation à soi plus souple, est fait de consentement à nos mouvements internes et aux aléas de la vie. Son credo : Tu es vulnérable et plein de ressources. Cette confiance-là nous permet d'attribuer un sens différent aux événements de notre vie : nous assistons à la naissance d'une identité plus proche de nos aspirations, qui nous redonne espoir et nous remet en mouvement.

En fonction des relations que nous bâtissons avec notre environnement et avec nos semblables, nous donnons vie à diverses versions de nous-mêmes, cherchant à leur donner écho et à les confirmer. Notre sentiment de confiance est toujours en lien avec un contexte donné dans le présent, mais aussi, et surtout, avec les conclusions plus ou moins définitives, plus ou moins lucides, plus ou moins encourageantes, que nous avons déjà tirées au sujet de nous-mêmes à la suite d'expériences passées.

Écoutons le témoignage de Martine, chef de projet en agence de publicité : « *Je me suis dévouée sans compter pendant quatre ans au service de cette* start-up, *en donnant beaucoup de moi-même.*

Et puis, après l'arrivée de la nouvelle direction, les choses ont commencé à aller de travers, se désole-t-elle. *Comme c'est moi qui ai le plus d'ancienneté, on m'envoyait souvent "au front" pointer les difficultés. Mais au fond, je manque de confiance en moi... Je n'ai pas su m'adapter assez vite à la nouvelle direction. Je n'ai pas réussi non plus à en discuter sereinement avec eux ni à défendre mes collègues. C'est toujours comme ça : j'ai plutôt tendance à créer des problèmes qu'autre chose.* »

Certains récits nous entraînent à formuler des conclusions dévalorisantes, qui nous donnent une image diminuée de nous-mêmes : une bonne poire peu apte au changement, qui manque de « confiance en soi » et d'« assertivité »... Nous ne retenons de nos expériences que les détails qui confirment cette version appauvrie de nous-mêmes. Ils s'en tiennent à une version étroite de notre identité, qui nous emprisonne dans le doute de soi. Pourtant, quand Martine réfléchit à ce à quoi elle tenait dans son travail, elle se remémore une foule d'expériences qui enrichissent son récit d'autres détails. Après quelques entretiens, elle observe : « *Toutes ces années, j'ai apporté ma créativité et mon énergie dans des projets innovants qui avaient du sens pour moi. Même si à la fin, je n'avais plus de motivation pour ce poste, je suis restée engagée dans mon travail jusqu'au bout. J'ai souvent fait face à de gros coups de pression comme il y en a dans ce secteur. Malgré le stress, j'ai fait le maximum pour préserver la cohésion de l'équipe. Mais la nouvelle direction agissait avec moi sans concertation et me demandait d'adopter vis-à-vis des plus jeunes de l'équipe des méthodes managériales opposées à mes valeurs. Je n'ai pas réussi à m'accommoder de ces pratiques que je désapprouvais...* »

En prêtant davantage attention à ce qui a de l'importance pour elle dans sa vie, Martine donne à voir de nouveaux détails, autant d'indices qui tissent une histoire plus riche que la précédente. Nous découvrons une femme dynamique, fiable, créative, endurante et loyale envers ses collaborateurs. Par la suite, Martine a raconté d'autres épisodes de sa vie familiale, dans lesquels elle s'est efforcée de préserver l'entente entre son frère et sa sœur. Elle a aussi décrit la façon dont elle animait une association de loisirs créatifs dans la mairie de son quartier. En reliant les indices de ce qui est précieux dans sa vie, Martine a dessiné les contours d'une identité plus en lien avec ce qui est important pour elle : convivialité, loyauté, imagination. Détailler les souvenirs, les engagements qui sont les siens, et se reconnaître dans des histoires riches lui a permis, face aux difficultés rencontrées, de se considérer elle-même comme sa plus précieuse ressource : cela ressemble beaucoup à une façon de se faire confiance. Elle peut alors se projeter dans la vie avec plus de foi dans ses ressources et ses compétences.

À l'inverse, quand je suis embarqué dans un cycle de défiance vis-à-vis des autres, je me retrouve pris dans un processus de défiance vis-à-vis de moi-même : je commence à me construire un récit diminué et désapprobateur que l'approche narrative nomme une « histoire étroite ».

Nos histoires étroites de basse estime de soi ont un impact sur la façon dont nous envisageons tout ce qui peut menacer notre image. Quand nous ne pouvons pas nous appuyer sur un fort sentiment de notre identité, fondé sur une base de sécurité stable, nous devenons plus vulnérables à tout ce qui accentue notre désaccordage intérieur. Nos attitudes sont plus réactives et nous devenons plus susceptibles face à ce qui vient menacer ce qui nous définit : groupe d'appartenance, opinions, valeurs... Plus on s'identifie à une vision étroite de nous-mêmes, plus on restreint notre identité à ces descriptions limitées.

QUESTIONNEZ-VOUS...

Quelles sont vos histoires étroites ?
Rappelez-vous deux épisodes de votre vie, plutôt récents, dans lesquels vous avez ressenti un sentiment d'échec, associé au sentiment de manque de confiance en vous. Peut-être était-ce une sorte de sentiment d'infériorité, celui diffus de ne pas être à votre place, ou bien un manque de confiance dans votre capacité à agir. À moins que ce ne soit un peu de tout cela, ou encore autre chose.

- Si quelqu'un se basait sur ces seuls événements pour en tirer des conclusions sur la personne que vous êtes, que pourrait-elle raconter à votre sujet ?
- Comment en viendrait-elle à vous considérer ?
- Quelle relation aurait-elle alors avec vous ?
- Et si vous commenciez à adopter son point de vue, quels seraient les effets sur votre propre confiance en vous, et dans les autres ?

La puissance de nos histoires étroites affecte à la fois notre relation aux autres et notre relation à nous-mêmes. Elle affecte bientôt nos actions : nos gestes deviennent moins spontanés. Nous faisons plus d'efforts contre nous-mêmes. Nous rencontrons de réelles difficultés à agir en accord avec nos intentions, et nous n'arrivons plus à coopérer spontanément avec le monde, ni à réaliser des actions conformes à nos aspirations. Peu à peu, nous commençons à nous sentir de plus en plus diminués. Perdre ce sentiment de confiance en soi-même, c'est ne plus percevoir que cette vision étroite et incomplète de nous-mêmes.
Nous en déduisons qu'il nous manque quelque chose. Nous cherchons alors en réaction à contourner cette difficulté à agir : « *Allez, bouge-toi, deviens plus fort. Regarde les autres, ils y arrivent, eux. Arrête de ruminer, fais-toi confiance, et vas-y !* »

TÉMOIGNAGE

Une histoire dominante d'insuffisance : Alain
Je suis aide-soignant dans un service de gériatrie et je manque de confiance en moi. Cela me dérange vraiment dans la vie de tous les jours. Je cherche souvent sur Internet des conseils, simples et

efficaces, des astuces, pour y remédier, mais j'ai beau les essayer, ça ne change rien.
Cela se résume à toujours avoir peur de l'avis que les autres pourraient avoir sur moi. Je passe mon temps à m'interroger. Que j'aide l'infirmier pour réaliser les soins ou que je prépare un patient avant une intervention, j'ai l'impression qu'on me juge, que ce n'est pas « assez » ceci, pas « assez » cela. En réunion, je n'ose pas donner mon avis : on pourrait me juger et certains pourraient ne pas être d'accord.
Je sais très bien que l'on pourrait me dire : « Mais tu t'en fiches des autres, etc. » J'ai beau le savoir, ça ne rentre pas. Je suis découragé. Je pense qu'il y a aussi une part de timidité dans tout cela. Si j'avais plus confiance, je serais plus entreprenant, au lieu de me dire : « Si je fais ça au travail, mes collègues vont croire que je me sens supérieur à eux. »

Nous cherchons des moyens pour nous renforcer, nous sentir moins vulnérables, retrouver aisance, motivation, énergie et confiance. La perte de ce sentiment de quiétude et de coopération avec soi-même, c'est ce que nous appelons le manque de confiance en soi. Celui-ci prend plusieurs visages, mais il manifeste toujours ce manque de coopération, qui nous conduit à souffrir de cette distance de soi à soi.
L'écart de soi à soi-même se traduit par une relation à soi incertaine, dans laquelle toute confiance disparaît. Ce manque est inconfortable ; nous allons chercher à le combler. Comment ? En le remplissant par des histoires qui nous mettent sous leur domination : omniprésentes et dans la société, et dans notre vie. Nos histoires « dominantes » correspondent non pas à des expériences singulières vécues en coopération avec nos valeurs, mais sont calquées sur des lieux communs qui circulent dans la culture, et dont on se convainc qu'elles reflètent et justifient les versions amoindries de nous-mêmes.
Comme toute relation, la confiance n'est pas une donnée fixe, comme pourrait l'être un attribut du tempérament, ou un contrat en bonne et due forme. Ce que nous appelons « confiance en soi » relève d'une relation vivante et donc mouvante avec nos histoires étroites, et avec nos histoires riches. Dans notre façon de raconter, il est impossible de tout dire. Un client me confiait qu'il était si

soucieux d'exactitude qu'un soir, lorsqu'il était enfant, il a raconté à son frère le film qu'il venait de voir aussi précisément que possible, au point que la longueur de son récit a finalement dépassé celle du film.
Lorsque nous évoquons une expérience, nous omettons inévitablement des détails, surtout ceux qui viendraient nuancer notre vision des choses. Par des expressions comme : « C'est normal, je n'avais pas le choix », « Après tout, c'est mon rôle », nous laissons dans l'ombre les initiatives que nous avons prises pour, par exemple, boucler un dossier dans les délais malgré une série de petits contretemps, ou assumer avec succès une charge de travail supplémentaire pour dépanner ponctuellement un collègue surchargé. Après coup, nous trouvons naturelle notre réussite, si bien que nous oublions la qualité de notre engagement et du travail que nous avons fourni.

QUESTIONNEZ-VOUS...

Quelles sont vos histoires riches ?
Rappelez-vous deux expériences plutôt récentes, qui vous font ressentir de la satisfaction et de la fierté, où vous avez ressenti de la confiance en vous.
• Si une personne se basait sur ces seuls événements pour brosser votre portrait, que pourrait-elle raconter à votre sujet ?
• Quelle serait son opinion vous concernant ?
• Quelle serait son attitude à votre égard ?
• Et si vous vous mettiez à penser comme elle, comment cela influencerait-il votre propre confiance en vous ?

Lorsque j'ai une riche conception de moi-même, je suis relié à qui je suis et à qui je veux être : relié à moi-même, j'accueille mes ressentis corporels et émotionnels. J'accepte mon corps, ses limites et ses processus. Je me rends accessible aux autres tel que je suis. Ma confiance en moi devient vraiment vivante quand elle passe par le regard bienveillant de l'autre : en me voyant accepté par lui, je deviens capable de m'accepter moi-même, et de percevoir ce qu'il y a de bon chez les autres.

Le support des histoires riches : un accordage entre le corps et la volonté

TÉMOIGNAGE

L'exemple de Myriam
Assistante de gestion de paie, Myriam est devenue intervenante contractuelle en BTS il y a trois ans. Elle est consciente de ses compétences tant professionnelles que pédagogiques. Riche de ses trois années d'expérience, elle a construit avec ses élèves une relation faite de confiance et de connivence, ce qui lui a permis de concevoir et d'expérimenter des méthodes innovantes. Face à ses succès, son proviseur lui a demandé de présenter un rapport devant des responsables d'académie lors d'un séminaire, ce que Myriam a accepté. « *Je me savais légitime pour présenter les résultats des nouvelles méthodes que j'utilise.* » Mais le jour J, le manque de confiance en soi s'est invité sans prévenir. Peu familière d'un tel auditoire, elle a tout à coup eu peur d'être jugée. Pendant que l'amphithéâtre se remplissait, elle raconte s'être sentie de plus en plus sur la défensive. Son cœur s'est mis à battre plus vite, sa gorge est devenue sèche, ses gestes sont devenus plus nerveux, elle a eu du mal à rassembler ses idées. « *En fait, à partir du moment où j'ai commencé à me comparer aux personnes venues m'écouter, mes notes m'ont semblé insuffisantes et banales. Mais il était trop tard pour être perfectionniste ! Je me suis dit que j'aurais dû me préparer beaucoup plus à fond !* »

Ce processus de désaccordage a momentanément conduit Myriam à se perdre de vue dans les trois dimensions de son identité. Voyons comment ces trois dimensions s'entremêlent.

• La relation à soi : Myriam a d'abord lutté sans le savoir contre ses émotions en les réprimant. Du même coup, elle s'est coupée des valeurs qui lui « tiennent à cœur » (l'expression est révélatrice), à savoir le partage des connaissances et la promotion des progrès pédagogiques.

• La relation aux autres et au monde : en s'inquiétant de ce que ses auditeurs allaient penser d'elle, Myriam n'était plus centrée sur le message qu'elle voulait délivrer, mais sur elle-même, ou plutôt sur la façon dont elle imaginait que les autres pourraient la définir. Ce faisant, elle s'est mise à douter d'elle-même, n'étant plus dans la réalité, mais dans des projections. Le stress l'a empêchée de s'appuyer sur ses compétences de prise de parole en public. Elle s'est privée à la fois de ses connaissances et de son intuition. Enfin, elle a envisagé ses auditeurs comme des juges et cette présentation comme une épreuve. La peur d'être évaluée négativement l'a emporté sur le plaisir de partager son enthousiasme avec son auditoire.

D'un côté (corps), Myriam a envie d'agir, de l'autre (tête) elle rumine des projections relatives au regard que les autres pourraient porter sur elle.

Les points d'appui de la confiance en soi

Confiance dans la relation à soi	Concerne l'identité : nos rêves, espoirs, buts et valeurs
Confiance dans la relation au monde	Concerne nos initiatives et nos actions
Confiance dans la relation aux autres	Concerne notre perception d'autrui, nos liens d'appartenance et d'interdépendance

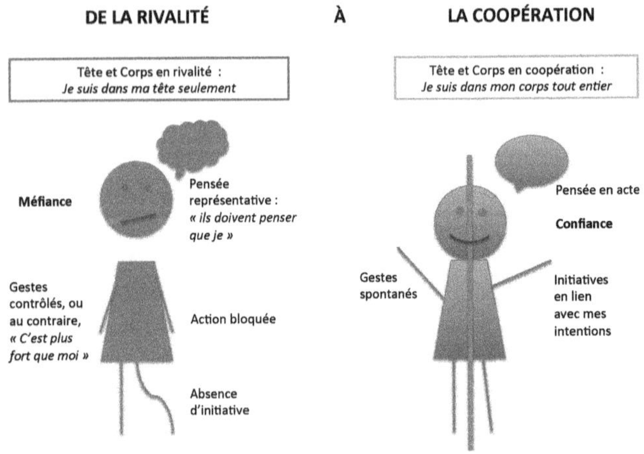

Ce mouvement d'accordage-désaccordage est naturel. Tout au long de nos journées, nous faisons l'expérience de ne pas « être d'accord » avec ce que nous percevons et ressentons[10]. Il suffit de penser aux imprévus, plus ou moins fâcheux, auxquels nous faisons face, ou à l'afflux de mauvaises nouvelles qui s'affichent certains jours sur nos smartphones. À l'heure où j'écris ces lignes, deux attentats ont frappé deux églises coptes en Égypte, faisant 45 morts et de nombreux blessés. À la vue de telles nouvelles, chacun réagit comme il peut.

J'ai soupiré, suis restée quelques minutes les yeux dans le vague. Je me suis sentie impuissante et effrayée. J'ai eu envie d'oublier ces nouvelles et de revenir trois minutes en arrière, comme si de rien n'était. J'ai essayé, vainement, de regarder autour de moi comme si c'était « avant » (désaccordage). Mais ce n'est que quand j'ai accepté de « prendre acte » de l'information que j'ai pu reprendre mon travail, non comme avant, mais comme « maintenant », avec une tristesse et une colère immenses, et acceptées (réaccordage).

Ces doutes et ces désaccords de surface avec la situation font partie de la vie. Quand notre sécurité de fond est intacte, le réaccordage se fait de lui-même. Le problème survient quand le doute de soi, ou la pression, s'installe durablement. Le réflexe est alors de résister, mais plus on lutte contre soi, plus on se perd de vue.

Cette coupure entre ce qui est ressenti et ce qui est voulu nous bloque dans un soupçon durable à l'égard de nous-mêmes, entrave nos actions, et teinte de culpabilité ou de susceptibilité notre relation aux autres. Le doute de soi nous conduit également à dénigrer nos compétences, à voir les autres comme des rivaux ou des juges, et à négliger notre relation à nous-mêmes, jusqu'à perdre confiance, par manque d'amitié avec ce que nous sommes.

Pour faire face à ce désaccordage qui fragilise notre identité (l'identité étant ici comprise comme le fait de correspondre à et avec soi-même), nous sommes parfois tentés d'adhérer toujours plus à ce que notre culture vénère (la performance, la jeunesse, l'efficacité, l'aisance, la minceur, l'autonomie, la dérision), espérant en vain

10. À moins de souffrir d'un état de stress post-traumatique qui requiert une prise en charge par un professionnel.

y trouver le mode d'emploi qui nous permettra de renouer avec notre identité et nos propres valeurs.
Ce n'est pas en se référant à d'autres valeurs que les nôtres que l'on revient à soi. C'est en laissant revenir à soi toutes les petites expériences vécues où nous avons eu confiance, en nous-même, en les autres, en la situation. Ces fois-là, le manque de confiance en soi s'est moins manifesté car nous étions en lien avec ce qui est précieux pour nous. Peut-être même a-t-on pris l'avantage, exceptionnellement, sur le manque de confiance en soi. C'est le point de départ d'une nouvelle version de notre identité. Ces épisodes exceptionnels sont en pratiques narratives le point de départ d'une histoire « préférée », ou « riche ». Elle désigne une histoire où nous avons pu agir non pas sous la coupe du problème – en l'occurrence le manque de confiance en soi, mais librement, en lien avec les valeurs et les intentions qui nous animent profondément.

Clé n° 1
Prendre de la distance avec son manque de confiance en soi

• Mon manque de confiance est une forme de résistance à notre contexte culturel, marqué par la négation de la singularité, la conformité à la norme, l'incertitude et l'exigence d'hyperperformance.

• Ma relation à moi-même est naturellement mouvante : la confiance en soi n'est pas en béton, elle est corporelle et vivante.

• Le manque de confiance agit sur moi, mais je peux aussi agir sur lui.

• Quand je me réaccorde à qui je suis, le manque de confiance s'enfuit.

Clé n° 2 : Se faire confiance : coopérer avec soi

Donne-moi la beauté intérieure et que l'extérieur
soit toujours en accord avec l'intérieur.
Socrate

Avoir confiance en soi : se fier à soi-même

La confiance renvoie à l'idée que l'on peut se fier à quelqu'un ou à quelque chose. Chacun de nous a une histoire et une relation singulière avec sa confiance en soi, une relation vivante à soi-même, au monde, et aux autres. On peut renouer avec soi-même à partir de n'importe lequel des trois points d'appui de la confiance :

- la confiance en notre personne propre, qui nous relie à nos ressentis et à nos intentions ;
- la confiance dans nos actions, quand nos actions sont reliées à nos intentions ;
- la confiance en l'autre.

Milton Erickson, célèbre psychiatre américain contemporain, disait avec malice que, pour bien accompagner les gens, il faudrait bâtir une théorie par personne. Je vous propose dans cet exercice de commencer à bâtir vous-même votre propre confiance en vous telle que vous la rêvez. Il s'agit d'explorer et non d'évaluer, aussi, faites-vous pleinement confiance !

QUESTIONNEZ-VOUS...

Découvrez votre confiance

Tout à l'heure, vous allez poser ce livre pour vaquer à vos occupations. Dès que vous l'aurez refermé, imaginez que tout se passe comme si votre manque de confiance avait disparu : vous vous sentez totalement en sécurité. Prenez le temps de le ressentir, et de vous laisser pleinement envahir par ce sentiment de sécurité.

Chaque matin, en vous préparant, imaginez que vous êtes totalement en sécurité dans votre relation aux autres, à vous-même et au monde.

- Où ressentez-vous cette sécurité dans votre corps ?
- Quels petits indices vous indiquent que vous avez confiance en vous ?
- Que ferez-vous dès lors de différent ?
- Pourquoi est-ce si important pour vous ?
- Qui se rendra compte en premier de votre changement ?
- Que ressentirez-vous ?
- À quel moment de votre vie avez-vous pu vous sentir en confiance, un peu comme ci-dessus ?
- Quelles initiatives récentes avez-vous déjà prises, en lien avec la confiance que vous venez de décrire ?
- Quel conseil votre personnage de confiance donnerait-il à votre moi actuel ?
- Dès aujourd'hui, quel PPPP (plus petit pas possible) pourrait vous permettre de commencer à ressembler davantage à celui ou celle que vous voulez devenir ?

La confiance, un sentiment de sécurité

La confiance repose avant tout sur une sensation corporelle de sécurité, de spontanéité et de liberté intérieure. Chaque personne a une histoire différente et mon propos n'est donc pas de délivrer une prétendue solution unique et universelle pour développer sa confiance en soi. On peut cependant s'appuyer sur quelques principes de base. Dès la naissance, nous entrons en relation avec notre environnement et recherchons des stimulations affectives, notamment par le toucher, le bercement, les caresses, mais aussi *via* les autres formes de contact physique que sont les paroles et les regards échangés avec ceux qui prennent soin de nous. Comme toute confiance, la confiance en soi est relationnelle. Le sentiment de sécurité que nous expérimentons dans la relation à nous-mêmes est médiatisé depuis notre naissance par la relation que nous avons à l'autre, le plus souvent représenté par les figures parentales. L'enfant apprend à être autonome et à faire confiance à ses parents quand il constate que ceux-ci, après l'avoir laissé seul un moment,

reviennent toujours. Il éprouve alors la permanence des liens, si nécessaire à la découverte sereine d'autrui.
Avec l'âge, notre besoin de stimulation par le contact évolue. Les expériences de coopération vécues depuis l'enfance constituent l'assise sur laquelle prend appui notre sécurité. En plus des stimulations sensorielles, nous recherchons, une fois adultes, des stimulations à travers nos engagements, nos liens et nos occupations. Le sentiment de coopération avec soi-même se manifeste alors par la quiétude que procure la sécurité intérieure, quand nous nous acceptons tels que nous sommes et que nous sommes en lien avec nos espoirs et nos valeurs.

Retrouver les bases de la confiance en soi

Pour renouer avec cette sécurité de base, je vous propose un exercice tout simple issu de l'approche narrative[11]. Prenez le temps nécessaire pour répondre à ces quelques questions, et pour vous représenter tout ce qu'elles vous évoquent. Noter vos réponses par écrit peut vous aider à prendre le temps de vous remémorer, de goûter la délicatesse et la puissance de vos réponses.

QUESTIONNEZ-VOUS...

Retrouvez vos bases
Faites revenir à votre esprit le souvenir d'une personne chère à votre cœur, auprès de qui vous aimez ou aimiez être, ou bien par qui vous auriez aimé être élevé. Quoi que vous fassiez ou ayez fait, cette personne vous accepte comme vous êtes, de manière inconditionnelle. Imaginez qu'elle vous regarde actuellement.
• Comment cette personne a-t-elle influencé votre vie ?
• Que pensez-vous que cette personne appréciait chez vous ?
• Qu'est-ce que cette personne savait de vous, et que vous pouvez savoir vous aussi à votre sujet ?
• Qu'est-ce qui, dans la personne que vous êtes devenue, lui apparaîtrait comme le plus important ?

---

11. L'anthropologue B. Meyerhoff (1935-1985) a inspiré à M. White la démarche du « *remembering* », qui permet d'explorer des récits identitaires préférés coproduits par les personnages significatifs de la vie des gens.

• Voyant tout cela, pensez-vous qu'elle vous encouragerait à devenir quelqu'un d'autre, ou bien qu'elle vous prendrait comme vous êtes ?
• Que pourrait ressentir cette personne, face à votre intérêt pour l'attention qu'elle vous offrait ?
• Qu'est-ce que cela vous fait d'avoir évoqué cette personne ?

Les bases de la confiance

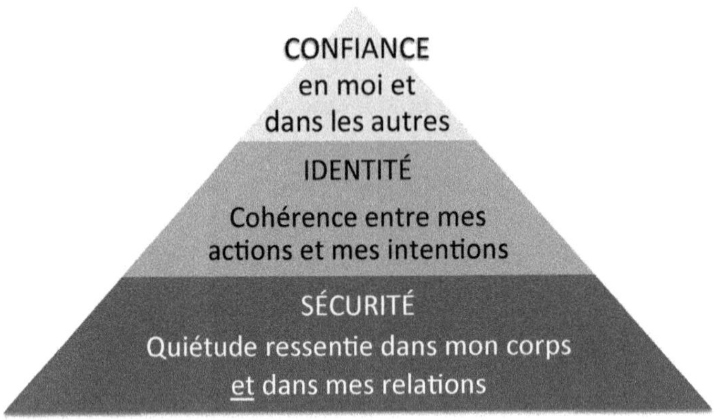

Comment se réaccorder ?

Revenir à soi par nos ressentis sensoriels et émotionnels

La coopération est au cœur de l'identité. Nous avons commencé à nous construire dans le lien à une ou des figures parentales fiables. La confiance en soi se nourrit par la suite de la fiabilité que nous accordons à nos cinq sens, qui nous permettent de percevoir le monde et délivrent en permanence quantité d'informations *via* la vue, le toucher, l'ouïe, le goût et l'odorat, mais aussi *via* nos émotions : la joie, la peur, la tristesse et la colère. Hubert Grenier[12]

12. Hubert Grenier (1929-1997), professeur de philosophie, voir bibliographie.

ne disait pas autre chose quand il expliquait à ses élèves : « *Vivre heureux est savoir vivre dans son corps, dans les limites de son corps, au plus près de soi-même. Rentrer en soi-même signifie y rejoindre son corps. Il est notre refuge, notre asile, notre repos... Si l'inquiet ne tient pas en place, c'est qu'il n'a pas trouvé sa place, c'est qu'il s'est délogé du lieu où il est lui-même. Ce lieu, c'est mon corps, il est toujours le même. Il constitue mon identité.* »
L'émotion est en quelque sorte l'interface entre la réalité et la manière dont nous nous la représentons. Lorsque la réalité correspond à nos aspirations, nous en sommes informés par une émotion agréable : la joie et ses variantes. Si l'écart est important, nous ressentirons plutôt la peur, la tristesse ou la colère.
La réalité diffère en fonction de celui qui l'observe. À information semblable, perception éminemment subjective ! L'un sera joyeux, l'autre nostalgique. L'un sursautera de surprise, l'autre de peur. Tel projet sera un obstacle pour le premier, une chance pour le second. Ce ne sont pas les choses elles-mêmes qui déterminent nos réactions, mais la façon dont nous les percevons, en fonction de nos expériences précédentes et de nos intentions. Il nous appartient alors de décider de ce que nous allons faire face à une situation : subir et ne rien faire ? Agir ? Sur quoi : nos émotions ? la réalité ? Ou sur la façon dont nous nous la représentons ? C'est pourquoi, lorsque nous doutons de nos perceptions ou de nos émotions, nous ne faisons que réagir automatiquement, mais avons du mal à passer à l'action. Il nous manque en quelque sorte des données fiables à partir desquelles opérer des choix, c'est-à-dire prendre librement des initiatives raisonnées.

Donner du sens à nos émotions

« Gérer », contrôler, censurer nos émotions n'a d'autre effet que de nous éloigner de nous-mêmes et de faire de nous des automates interchangeables. Accepter nos émotions est essentiel pour les maîtriser[13] et se faire confiance. En effet, à défaut de les comprendre,

13. À l'inverse du contrôle qui s'exerce en regard d'une norme, la maîtrise est la faculté d'exercer sa propre volonté. C'est quand nous n'avons plus la maîtrise que nous cherchons à contrôler.

nous pourrions avoir peur de notre propre peur, être furieux de notre propre colère, ou être déprimés par notre propre tristesse.
Une juste estime de nous-mêmes nous permet de faire naturellement confiance à nos ressentis sensoriels et émotionnels. Exercer notre sensibilité au bruit, à la luminosité, aux odeurs, à la faim, au chaud et au froid, à la fatigue construit notre estime de nous-mêmes. Nous en interprétons les messages en termes de besoins, et y répondons selon notre bon vouloir. Il en va de même pour nos émotions. En affinant notre intuition, nous pouvons nous familiariser avec elles. Cela nous permet d'avoir une plus grande liberté d'initiative et de découvrir ce que nous pouvons changer en nous-mêmes, dans notre environnement, ou dans notre relation à notre environnement pour nous y sentir plus libres, plus vivants et plus disponibles.

QUESTIONNEZ-VOUS...

- **Comment vous sentez-vous à l'instant où vous lisez ces lignes ?**
- **Ressentez-vous de la tristesse, du découragement, de la nostalgie ?**
- **Êtes-vous en colère, éprouvez-vous de la rancune ?**
- **Ou bien vous sentez-vous sur le qui-vive, ressentant de la peur, de l'inquiétude ?**
- **Ou encore plutôt de la joie, du plaisir, de la fierté, du contentement ?**
- **Comment savez-vous que vous ressentez telle ou telle émotion ? À quels signes vous fiez-vous pour l'affirmer ?**
- **Si vous les observez bien, vous les percevrez jusqu'à pouvoir les nommer.**

Les émotions sont d'abord des ressentis corporels. Elles ne commandent pas directement nos comportements. Quand je suis en colère, je peux répondre à cette émotion soit par la bouderie ou l'agressivité, soit par l'affirmation de mes valeurs, ou encore par l'humour. J'ai le choix entre plusieurs attitudes.
Les émotions agissent comme des signaux qui nous informent que la situation nous rend heureux (joie), ne nous convient pas (tristesse, colère), voire qu'elle nous met en danger (peur). Elles

nous donnent des informations pour nous permettre – à nous, mais aussi à ceux qui nous entourent, car les émotions sont des messages visibles et lisibles par tous – d'adopter le comportement adéquat, afin de nous adapter au mieux à notre contexte.
Avoir « confiance » en « soi », c'est ainsi être relié à soi, capable de se familiariser avec ce que nous ressentons, afin d'être à même de répondre au besoin que notre corps nous signale.

Pour chacun de ces ressentis émotionnels, comment pourriez-vous imaginer les pensées associées à chaque émotion et répondre au signal qu'il vous envoie ?

Sensation	Émotion	Message	Action efficace
Cœur qui bat, mains froides, jambes tremblantes, douleur dans le ventre	*Peur*	*Danger* *Besoin :* *• protection* *• être rassuré*	*L'admettre* *Parfois, agir pour la surmonter*
Bras chauds et tendus, afflux sanguin sur le visage, souffle coupé	*Colère*	*Injustice* *Besoin :* *• réparation* *• changement*	*Être entendu* *Réfléchir à nos besoins et à nos priorités*
Gorge serrée, sensation de « cœur gros », tremblement du menton, larmes	*Tristesse, compassion*	*Perte* *Besoin :* *• réconfort* *• plaisir*	*L'accepter et l'exprimer* *Se mettre en action*
Énergie *Sourire* *Sensation de cœur « dilaté »*	*Joie*	*Bonne nouvelle* *Besoin : partage*	*La partager* *L'intensifier*

Développer la conscience de nos émotions

Cet exercice nous permet de nous réaccorder à nous-mêmes.

1. Identifions notre sensation (Ex. « J'ai les mains qui tremblent »)	
2. Relions-la :	
À notre émotion	(« J'ai peur de parler devant tout le monde »)
À nos pensées	(« Je vais rater ma présentation »)
Au besoin associé	(« J'ai besoin de me sentir en confiance »)
Aux moyens possibles pour satisfaire ce besoin	(« Je vais aller saluer les participants »)

Les émotions sont des sensations corporelles qui émettent des signaux que nous pouvons ressentir. Ces ressentis sont en réalité très nombreux et diffèrent d'une personne à l'autre. Le corps ressent tout le panel des émotions, mais il arrive que notre interprétation soit erronée et qu'une émotion prenne beaucoup de place dans notre vie, nous empêchant de ressentir les autres. Il arrive que nous ayons du mal à les interpréter dans leur diversité, soit que nous n'ayons pas appris à le faire naturellement, soit par manque d'intérêt ou de conscience, soit parfois simplement faute de vocabulaire.

Chaque fois que nous considérerons les signaux corporels qui expriment nos besoins et nos émotions comme dignes de confiance, que nous en tenons donc compte dans nos comportements, nous avons confiance en nous. « Émotion » vient de *movere* en latin, « être en mouvement », « se mouvoir ». Les émotions sont le signe de la vie en nous. Avoir confiance en soi, c'est se comprendre et s'estimer suffisamment pour accepter de faire une place à ce qui nous émeut, puis agir en conséquence. La peur, la honte, le dégoût, sont des émotions très désagréables, et pour cause, elles cherchent à nous éloigner d'une situation dangereuse. La joie et la tristesse nous indiquent quelque chose de proche et de précieux.

Accepter, ce n'est pas chercher à être « zen » quand ce n'est pas le moment : quand vient le temps du stress, du manque de confiance en soi, de la peur ou de la colère, se sermonner en se serinant : « Arrête de stresser, détends-toi ! » ne fait qu'aggraver notre état. Chercher à superposer de force un calme de surface sur un refus global de nos affects, c'est comme chercher à « augmenter » sa confiance envers quelqu'un qu'en même temps on refuse d'écouter : soi-même. Vous voyez d'ici le tableau !

On objectera que quantité d'ouvrages valorisent et préconisent le calme pour remédier au stress. Mais rechercher le calme pour lui-même est un principe à mon avis survalorisé. Il est intéressant à ce titre de se rappeler que ce terme maritime, issu du catalan *calma*, désigne l'absence de vent, le fameux « calme plat » redouté par les marins.

Le manque de confiance en soi nous maintient loin de nous-mêmes et des autres, et nous rend plus vulnérables au stress d'anticipation. Mais s'imposer le calme, refuser le mouvement de la vie, le fera encore davantage en intensifiant l'émotion pénible qui voudra se faire entendre. Lutter contre nos ressentis reviendrait à lutter pour ne pas entrer en relation avec notre émotion, et donc avec notre corps. Il ne s'agit pas de savoir les « gérer » comme un compte en banque ni de les maîtriser comme une bête sauvage. Lutter conduit à se désaccorder davantage.

La peur réprimée de quelque chose se transforme en peur de la peur, c'est-à-dire en anxiété généralisée qui conduit à des interprétations de plus en plus méfiantes. La tristesse réprimée se transforme en tristesse de la tristesse, c'est-à-dire en déprime et en découragement. La colère réprimée se transforme en rage retournée contre soi (culpabilité) ou dirigée contre l'autre (agressivité).

Anxiété, déprime, culpabilité, agressivité manifestent la difficulté à entrer en relation avec nos émotions. Comme le montre Dina Scherrer (coach et praticienne narrative) de façon frappante dans la préface de cet ouvrage, la coopération avec soi-même et la coopération avec l'autre sont interreliées. Or parfois, « l'autre », c'est cette part active de nous-mêmes, cette émotion que nous ne voulons pas voir, pas entendre, pas écouter, pas prendre en compte. Comment, dans ces conditions, avoir confiance en soi ?

Écouter ce qui se passe en nous, c'est cesser de nous épuiser à réprimer inutilement les mouvements de notre être. C'est s'arrêter un moment pour constater ce qui est : « Je suis stressé », « Je suis triste », « J'ai peur », et laisser à notre émotion le soin de délivrer son message : que m'indique-t-elle d'important pour moi en ce moment-même ?

Changer la question pour trouver la réponse

Que nous apprend notre manque de confiance ?

Nos émotions, qu'elles soient agréables ou désagréables, expriment des besoins et des valeurs. Une émotion agréable vient nous dire que nos besoins et nos valeurs sont respectés. Une émotion pénible vient nous dire que l'une de nos valeurs est bafouée.

QUESTIONNEZ-VOUS...

- Si ce manque de confiance devait vous avertir de quelque chose d'important pour vous, que serait-ce ?
- Si ce manque de confiance vous invitait à un tout petit changement, lequel serait-ce ?
- Une prochaine fois, que vous voyez-vous faire de différent pour être davantage relié à ce qui est important pour vous ?

Attentif à ce que je ressens, je vais pouvoir « maîtriser » non pas mon émotion, mais plus exactement choisir ma réponse à cette émotion : que puis-je faire pour y répondre ? Comment vais-je m'y prendre ? Le délicat système vivant qu'est notre corps nous inspire alors du respect pour la justesse de ses signaux. Quand nous admirons la relation intime qu'il entretient avec nos processus mentaux et que nous sommes disposés à vivre avec, qu'ils soient agréables ou pas, c'est un signe que nous sommes reliés à nous-mêmes... et que nous pouvons, sous cet aspect, nous faire confiance.
Nos émotions, dès lors que nous y sommes plus attentifs, ont moins besoin de crier pour se faire entendre !

EXERCICE

Revenir à soi simplement[14]
Durée : 3 min
Je reste simplement dans la position dans laquelle je suis,
Je l'ajuste seulement pour la garder sans effort.
Je reste exactement comme je suis.
Je peux dire bonjour à mon être, à la situation qui est la mienne.
J'entends les bruits alentour, je sens la température de la pièce, le contact de mes pieds sur le sol.
Je vois ce qui est autour de moi.

Mes perceptions sensorielles m'ouvrent à un monde vaste.
Je regarde ce qui se passe en moi : respiration, mouvements infimes. Je peux visualiser et sentir chaque point d'appui de mon corps.
Sans rien avoir à faire, je respire et maintiens simplement toutes mes fonctions vitales.
L'air entre en moi, et déjà je suis en train de dire oui à la vie.

Je peux observer les émotions qui me traversent.
Je leur laisse la place dont elles ont besoin.
Je remarque mes pensées, mes envies de bouger, la bonté qui est en moi.

Je goûte simplement le fait d'être là, avec les qualités et les ressources qui me sont propres.
Je bouge un peu ; je me sens bien installé à l'intérieur de moi-même, disponible au mouvement de la vie.

Revenir à soi par la piste de ses valeurs

Retrouver la confiance en soi, c'est accepter de regarder avec curiosité son inconfort ou ses tensions. Ce lâcher prise n'est possible que si je suis relié à mes valeurs. Tant que je reste séparé de mes valeurs, le « manque de confiance en soi » va être l'une des tentatives de solutions pour me tenir en retrait afin de résister à une pression externe qu'au fond de moi je désapprouve. La question qui

14. Inspiré d'un exercice de F. Midal, notes de conférence.

se pose à moi est : quelles sont les valeurs qui se cachent derrière mon manque de confiance en moi-même ? À quoi ce sentiment de manque de confiance en soi dit-il « oui » ? À quoi dit-il « non »[15] ? Chaque fois que j'ai le courage de ressentir ce que je veux justement éviter, je manifeste que j'ai de l'importance à mes propres yeux. Une fois découverte la valeur revendiquée par mon émotion, je peux me réaccorder à qui je suis et décider d'agir en accord avec ce qu'elle me dit de moi. Prendre position est l'une des manifestations de la confiance en soi : ce faisant, nous affirmons notre droit à agir selon nos valeurs. En prenant la responsabilité de nos choix, nous prenons aussi le risque de déplaire. Cela demande ainsi une solide confiance dans la relation à l'autre : nous présumons que l'affirmation de nous-mêmes ne menace pas le lien qui nous unit à lui, mais l'enrichit grâce aux éventuels échanges occasionnés.

QUESTIONNEZ-VOUS...

- De quoi vous prive le manque de confiance en soi ?
- Qu'est-ce que cela vient gâcher d'important pour vous ?
- D'y penser, quelle émotion cela fait-il monter en vous ?
- À quoi votre émotion dit-elle non ?
- Selon vous, quelle est la valeur qui est négligée dans ce que vous êtes en train de vivre ?
- Qu'avez-vous déjà fait ou décidé dans votre vie en lien avec cette valeur ?
- Qui sait ça de vous ?
- Comment pourriez-vous commencer à donner à cette valeur la place que vous souhaitez dans votre vie ?

L'estime de soi ? Point trop n'en faut

Une estime de soi surévaluée ?

Une juste estime de soi prend en compte à la fois nos ressources et notre vulnérabilité. Mais à force de voir partout vantée l'importance

15. Les pratiques narratives nomment cette valeur cachée mais précieuse : l'Absent mais implicite, concept issu des travaux de J. Derrida.

d'avoir une bonne estime de soi, on prend le risque de la surévaluer... On voit ainsi beaucoup d'adultes qui, pensant qu'il faut s'armer et armer les enfants et les adolescents contre les turbulences de la vie, les conduisent à se surestimer, et à confondre vulnérabilité et fragilité. La fragilité est le fait de manquer de robustesse, ce qui conduit à se briser facilement. Nous traversons tous dans nos vies des moments de fragilité, sans être pour autant intrinsèquement fragiles. La vulnérabilité, elle, est la faculté de pouvoir se laisser toucher. L'excès d'estime de soi conduit à refuser sa vulnérabilité. On ne s'accorde pas à soi-même le droit à l'erreur, ce qui pose de nombreux problèmes à la fois vis-à-vis des autres (rigidité et conflits) et vis-à-vis de soi-même (honte ou déni) en cas d'erreur ou d'échec.

Une trop grande estime de soi conduit aussi à avoir une confiance aveugle dans nos propres opinions, ce qui affaiblit la fiabilité de notre jugement. Une étude publiée dans *Nature neuroscience*[16] nous apprend qu'une seule et même région du cerveau code nos jugements de valeur et la confiance que nous portons à ces mêmes jugements. L'auteur de l'étude explique : quand nous accordons une confiance modérée à nos propres choix, nos jugements sont pondérés. En revanche, quand nous sommes très en confiance vis-à-vis de nos jugements, ils sont beaucoup plus extrêmes.

Autrement dit, plus on se veut sûr de soi, plus on s'autorise des opinions tranchées, catégoriques ou réductrices, y compris sur soi-même !

Une estime de soi excessive nous amène à nous représenter notre identité de manière rigide et à réagir de façon exagérée à tout ce qui peut ternir notre image. L'excès de confiance dans notre propre jugement « contamine » l'évaluation que nous faisons de tout ce qui nous entoure. Garder à l'esprit que nous sommes sujets à l'erreur nous permet de faire preuve de prudence dans le crédit que nous apportons à nos propres jugements. Une modération qui favorise des attitudes plus justes et plus ouvertes vis-à-vis de nos semblables, qui nourrit notre réflexion, inspire des actions plus réalistes et constructives... qui nous permettent de nous faire confiance.

---

16. *Nature Neuroscience*, 4 février 2015.

Quand nos actions nous semblent en opposition avec nos valeurs, notre image de nous-même est écornée et nous baissons dans notre estime. C'est lorsque nous accomplissons des tâches ou prenons des initiatives auxquelles nous adhérons que cela nous valorise à nos propres yeux.
L'estime de soi est le support de notre harmonie intérieure. On reconnaît une estime de soi saine et épanouie au sentiment d'être en bonne compagnie avec soi-même.

Accepter d'être simplement qui l'on est

Confiance en soi et estime de soi sont liées, mais elles se développent et s'entretiennent différemment. La confiance en soi est le fait de croire en ses ressources internes dans la relation à soi, avec le monde, et aux autres. La certitude d'être important, respectable, d'avoir sa place dans le genre humain du fait même d'exister, est une dimension de la confiance en soi que l'on appelle l'estime de soi ; un jugement qui concerne la valeur que nous nous accordons.
Quand on a une saine estime de soi, le manque de confiance en soi pose rarement problème. Une bonne estime de soi nous donne l'assise indispensable pour :
• reconnaître avec lucidité une incompétence ponctuelle dans un domaine donné, sans pour autant en tirer des conclusions générales d'incapacité du type : « Je suis nul » ;
• trouver l'énergie de s'ouvrir à l'inconnu et de nous laisser aiguillonner par la nouveauté.
Avoir une bonne image de soi nous permet d'accepter plus facilement les difficultés, les obstacles et les critiques, et de grandir y compris dans les turbulences de la vie.
« Quelle est ma valeur ? » David Kessler, médecin américain et pionnier dans l'accompagnement en fin de vie, a un jour posé cette question à une personne en phase terminale. La réponse reçue est pleine d'enseignement : « *Toute ma vie, j'ai eu le sentiment de mener une existence extrêmement banale. Qu'est-ce qui pouvait bien différencier ma vie de celle de n'importe qui d'autre ? Depuis, j'ai compris que j'étais quelqu'un d'unique. Personne d'autre n'a jamais vu le*

monde comme moi, et personne d'autre ne le fera. Depuis l'aube des temps, et jusqu'à la fin des temps, il n'y a jamais eu et il n'y aura jamais un autre moi. »
L'estime de soi résulte d'une auto-évaluation que chacun porte sur sa valeur intrinsèque. Même si ce n'est pas le seul, comme nous le verrons, c'est le premier point d'appui de la confiance en soi.

La véritable estime de soi

Prendre en compte ses forces autant que ses limites, ses ressources autant que ses besoins, apprivoiser ses qualités autant que ses parts d'ombre. L'estime de soi se manifeste par l'acceptation sincère de nos imperfections. Pour se sentir en sécurité, il est tout aussi important de connaître nos qualités que de découvrir la réalité de nos défauts. Quand on apprend à observer et à tolérer ce que l'on désapprouve en nous-mêmes, alors il devient possible de se relier à soi : nous ne sommes plus sur la défensive, prêts à surréagir, comme téléguidés par le moindre ressenti désagréable. Au contraire, on devient libre vis-à-vis de nos inconforts intérieurs. Nos émotions désagréables ne dirigent plus notre vie. Elles ne nous « obligent » plus à une réaction automatique. Au contraire, elles deviennent un baromètre que nous pouvons consulter et auquel nous pouvons nous fier pour choisir la réponse qui nous convient le mieux.
Plus encore que de se sentir aimée, le fait de se sentir acceptée telle qu'elle est – y compris par elle-même – permet à la personne de prendre sa place et de se percevoir comme quelqu'un d'unique, dont la valeur ne repose pas d'abord sur la performance, le succès des réalisations, mais sur une valeur inconditionnelle. Il arrive souvent que l'on confonde ces deux aspects.
« *Depuis mon arrivée, je n'ai pas été augmenté*, explique Paul, cadre des achats dans l'industrie automobile, en poste depuis deux ans. *Pourtant, nous avons traversé une période difficile et j'ai souvent assumé des responsabilités supplémentaires pour faire face. Un surcroît de travail qui méritait bien à mes yeux une revalorisation de la part fixe de mon salaire. La première année, je n'avais pas assez d'ancienneté. L'année suivante, on nous a dit que personne ne serait*

augmenté, car les chiffres n'étaient pas bons. Mais par la suite, on a appris que des collègues avaient insisté et obtenu gain de cause. Sur le moment, je n'ai pas compris. J'ai eu l'impression de compter pour rien et j'ai même pensé à démissionner. Mais j'aime mon travail et j'ai confiance dans ma direction. Je suis allé demander des explications à mon chef. J'ai pu exposer mon point de vue, résultats à l'appui. De mon côté, j'ai pu comprendre le leur. Nous avons négocié un accord pour cette année, sur la base d'une prime et d'une formation. Je suis satisfait, car plus que de l'augmentation de salaire en tant que telle, j'avais surtout besoin d'entendre que ma place dans l'équipe et la qualité de mon travail étaient reconnues. »

Comme Paul, nous avons tendance à évaluer notre « niveau » à l'aune de nos réalisations. L'attention qu'on nous porte nous nourrit de façon aussi essentielle que boire et manger. Nous comptons sur la reconnaissance qu'elles nous valent pour nous faire une idée de notre importance. Notre besoin de reconnaissance est légitime. Nous avons besoin que les autres nous la signifient, à la fois de façon inconditionnelle, en reconnaissant notre valeur en tant que personne, et conditionnelle, en valorisant ce qu'ils apprécient dans nos comportements.

Comment construire une juste estime de soi ?

En me connaissant et en m'acceptant comme je suis, je me laisse enfin habiter par la certitude de ma propre valeur. Pour savoir comment ma singularité s'exprime concrètement et symboliquement, j'apprécie ma différence dans tel ou tel domaine : mes goûts, intérêts, compétences, talents, réalisations aspirations et engagements particuliers.

Mon estime de moi devient ainsi relativement indépendante de l'évaluation des autres. Car avant même qu'on ne la critique, je chéris également cette partie de moi que j'apprécie moins, mais qui a de bonnes raisons d'être ainsi.

« Pouvoir dire un jour : "*Je suis habituellement serein, parfois anxieux. Le plus souvent joyeux, parfois triste. Souvent déterminé, parfois dans le doute. J'aime être courageux, mais il m'arrive d'être lâche. J'aime ma tristesse, mes inquiétudes, mes doutes, mes faiblesses, parce qu'elles font partie de moi et ont bien des raisons d'être là. En les méprisant, je me méprise. En les respectant, je me respecte. Je les défendrai même contre les attaques des autres. En agissant ainsi, je construis mon estime de moi[17] !"* »

Clé n° 2

Se faire confiance : coopérer avec soi

Notre identité est à la fois corporelle, relationnelle et intentionnelle.

• Coopérer avec soi-même, c'est retrouver les bases de notre identité : à qui sommes-nous reliés de précieux dans nos vies ?

• Coopérer avec soi-même, c'est donner du sens à nos émotions. Je peux observer mes émotions et tenir mes intentions en estime. Bien qu'elles soient parfois désagréables, je peux leur laisser une place et reconnaître leurs bonnes raisons d'exister.

• Coopérer avec soi-même, c'est agir en lien avec nos intentions : quelles sont mes valeurs préférées ?

Avoir confiance en soi n'est pas un super-pouvoir pour devenir plus fort. C'est accepter sa vulnérabilité : je peux décider de bien vouloir être qui je suis pour le moment, sujet d'histoires étroites marquées par des croyances limitantes, mais aussi d'histoires riches qui m'ouvrent à d'autres possibilités de vie.

17. Dr Yves Doutrelugne.

Clé n° 3 : Faire surgir l'histoire préférée qui donne confiance en soi

Dynamique de réussite et sentiment d'échec : une histoire de confiance en soi

Success is the ability to go from failure to failure
without losing your enthusiasm.
(Le succès c'est d'aller d'échec en échec
sans perdre son enthousiasme)
Winston Churchill

Cette citation attribuée à Winston Churchill connaît un écho important dans les manuels de *leadership* et dans les cours de management. Elle se retrouve aussi désormais sur des *tee-shirts* ou tasses à thé. La fascination qu'exerce ce propos traduit le caractère hors norme de ce qu'il affirme.
La formule traduit d'un trait ce qui peut paraître impossible ou inatteignable à bon nombre d'entre nous. Il ne faut pas y voir un optimisme béat, une insensibilité à l'échec et à la réalité du monde, une version élaborée et romantique du « quand on veut, on peut ». Bien au contraire, cette citation nous touche, car elle vient parler à chacun du lien subtil entre succès et échec, avec en creux un élément absent, mais implicite : la confiance en soi, qui permet d'alimenter sa résilience, de nourrir ses talents et ainsi de traverser les moments de doute ou d'échec pour poursuivre son chemin de réussite.

Confiance en soi et réussite : une histoire de manque

En entreprise, le temps des coachings de dernière chance ou des cas « désespérés » est révolu. Les coachings font désormais partie des politiques de développement des talents et sont réservés aux cadres dits « à potentiel », dans une dynamique de réussite. Implicitement, le parcours académique et professionnel de ces cadres inciterait à penser qu'ils expriment une solide confiance en eux. Et pourtant...

• La réussite en ligne de mire : la quête d'un idéal...

Lors du premier contact entre un cadre ou un dirigeant et son coach, le client exprime ses aspirations pour son coaching. Une grande place est donc laissée à l'expression des aspirations du client. À ce moment-là, la liste peut être longue, mais tourne généralement autour de grandes thématiques assez génériques : devenir un meilleur manager ou un meilleur leader, mieux gérer son stress, avoir plus d'impact, mieux interagir avec son patron, avec ses pairs, mieux gérer les aspects politiques de l'entreprise, développer son influence, etc.
Ainsi s'exprime généralement une aspiration à se développer dans le sens du plus et du mieux. La demande formulée à ce stade est d'atteindre une version de soi enrichie de quelques options supplémentaires. Cette version enrichie de soi-même est au service d'une aspiration à réussir en conformité avec les codes et les règles écrites ou non écrites qui prévalent dans l'entreprise. En effet, dans l'entreprise, quand on a gravi les échelons et progressé au fil des ans, c'est qu'on a su, en grande partie, se conformer aux attentes de performance d'une part, et aux exigences comportementales d'autre part, que ces dernières soient écrites ou non écrites.

• ... entravé par le manque de confiance en soi

Pour autant, il arrive qu'au gré d'une promotion, d'une réorganisation, d'un changement de management, d'un élargissement de responsabilités, la confiance en soi s'émousse. En effet, après un questionnement plus détaillé sur ce que le client vit, ce à quoi il aspire, ce qui lui est plus difficile dans sa vie professionnelle, arrive quasi invariablement, au détour de la conversation, cette phrase : « En fait, je manque un peu (ou beaucoup) de confiance en moi », fréquemment suivi de : « Cela remonte à bien longtemps. » Cette phrase est souvent prononcée sur le ton d'une confession un peu

honteuse, comme s'il s'agissait d'une tare qu'il convient surtout de cacher au regard des autres.
En pratique narrative, cette conclusion est ce qu'on appelle une histoire mince. C'est une conclusion simple à une histoire complexe et riche. Le manque de confiance en soi fait partie des diagnostics « valise » que nous portons sur nous, quand il y a un décalage entre ce que nous pensons devoir faire, accomplir ou atteindre, et ce que nous accomplissons et faisons dans notre quotidien professionnel. Face à cet idéal de ce qui mène à la réussite ou de ce qui est attendu pour réussir dans son entreprise, le client constate son incapacité ou son inaptitude. Alors même, qu'il a une vision de ce qu'il devrait faire, de la manière dont il devrait se comporter, il est incapable d'adopter ces comportements. Ses émotions et son corps sont dans l'incapacité de se plier à cette vision idéalisée de ce qu'il pense devoir faire ou devoir être. Il vit une division interne entre ce que son intellect lui dicte et ce que ses émotions et son corps lui font éprouver.
Cela s'accompagne de ressentis, d'émotions désagréables ou douloureuses, de pensées et de jugements négatifs sur soi. Parfois de honte ou de culpabilité d'être si incapable d'atteindre la version idéalisée de soi au service d'un idéal de réussite.

• Un coach à la recherche de la confiance en soi

Cette incapacité à atteindre une vision idéalisée de soi ouvre alors une brèche. Ne pouvant se fier à lui-même dans ces circonstances, il en tire des conclusions sur son identité plus profonde. Il se met à douter de lui, il perd confiance en lui, non pas seulement sur quelques dimensions de ce qui le constitue, mais plus largement sur lui-même. Ce ressenti peut être d'intensité variable selon les personnes, selon les circonstances et selon leurs histoires personnelles. Il va du doute sur ses compétences qui contamine d'autres sphères de l'existence, jusqu'au sentiment d'inaptitude ou d'échec plus profond.
Quelle que soit son intensité, ce sentiment est vécu intérieurement et généralement tu dans l'entreprise, dans le réseau relationnel ou amical. C'est le privilège du coach d'entendre ce sentiment

d'incompétence et d'inaptitude que le client nomme son manque de confiance en lui. Aussi, la demande invariable du client au coach, qu'elle soit implicite ou explicite, est : « Vous, spécialiste du développement personnel, aidez-moi à renforcer, retrouver, développer ma confiance en moi. Une fois que je l'aurai trouvée, elle me permettra d'atteindre ce que je pense devoir faire pour réussir encore plus. »
La confiance en soi est vue par le client comme un élément manquant extérieur à lui-même et indépendant du reste de ce qui le constitue profondément. Il faut donc que le coach parte à la quête de la confiance en soi qui libérera les potentialités du client. Comme dans le circuit de train électrique des enfants, la confiance en soi serait comme une portion de rail manquant sur un circuit de réussite préétabli et conçu à l'avance. Le coach est implicitement mandaté pour aider à localiser la pièce manquante sur ce chemin tracé d'avance.

• Une demande entendue, mais contournée

Ces dirigeants, ces cadres qui ont généralement derrière eux de brillantes études, un parcours professionnel riche, qui chaque jour prennent des décisions significatives, qui managent leurs équipes en les motivant n'incarnent pas *a priori* le « manque de confiance en soi ». Et pourtant, profondément, c'est ce qu'ils ressentent dans certaines dimensions de leur existence. Le coach se doit d'entendre cette demande, car derrière cette dernière, il y a l'inconfort ou la souffrance du client à se trouver si inapte dans certaines dimensions de sa vie professionnelle.
Pour autant, notre approche consiste à entendre cette demande ou cette plainte comme un symptôme, et non comme une maladie. Il n'y a pas un manque de confiance en soi seul et unique. Le manque de confiance en soi prend des formes multiples issues d'histoires personnelles et professionnelles singulières se renforçant dans des contextes spécifiques. Le coach va donc s'intéresser au symptôme en tant qu'indice pour aller à la rencontre d'une autre histoire qui ne vit pas chez son client.

TÉMOIGNAGE

L'idéal à atteindre : l'air de la « vraie » directrice marketing
J'accompagne en coaching une jeune femme extrêmement brillante afin de l'aider dans sa prise de poste de directrice marketing.
Lors de notre premier contact, elle exprime son besoin et son objectif ainsi : « *J'ai envie de connaître tous les secrets pour avoir l'air d'une directrice marketing.* » La formulation m'étonne. Elle me confie alors : « *J'ai toutes les responsabilités, les compétences, les relations, le management, il me manque seulement l'air.* » Elle disait avoir assisté à une réunion de directeurs marketing durant laquelle elle s'était sentie comme un vilain petit canard. Honteuse, elle avouait « manquer de confiance en elle ».

Idées reçues : les alliés du manque de confiance en soi

Le diagnostic « valise » de manque de confiance en soi s'alimente souvent d'une liste d'idées reçues sur ce qu'est la confiance en soi ou ce qu'elle permettrait de faire. Toutes ces idées nourrissent à la fois la quête de l'idéal et le sentiment d'inaptitude.

• La confiance en soi permet de ne pas douter

Les clients décrivent souvent la confiance en soi comme un super-pouvoir qui leur permettrait de ne pas douter dans leur contexte professionnel. En réalité, l'expérience du doute fait partie intégrante du travail. Christophe Dejours (psychiatre, psychanalyste, titulaire de la chaire psychanalyse-santé-travail au Cnam et directeur du laboratoire de psychologie au travail) définit le travail de la manière suivante : « *Travailler, c'est réussir à combler l'écart entre ce qui est prescrit (objectifs fixés) et ce qu'il faut faire pour atteindre au mieux les objectifs qui ont été fixés.* » Il différencie ainsi le travail prescrit du travail effectif.
L'épreuve réelle du travail apparaît quand on n'arrive pas à combler l'écart entre le travail prescrit et « *ce qu'il faut faire pour atteindre au mieux les objectifs qui ont été fixés* ». Il s'agit de mobiliser toute son intelligence et tout son être pour combler cet écart. Travailler,

c'est être capable d'endurer cette expérience de l'échec et du temps qu'il faudra pour trouver la solution. Travailler est ainsi une expérience affective et subjective qui peut provoquer un sentiment d'irritation, de colère, d'incompétence, un doute sur soi-même[18]. Ainsi, tout travail réel, toute réussite professionnelle, passe inexorablement par des phases de doute. Traverser ce doute qui mobilise toute la personne va paradoxalement nourrir la confiance en soi. Si la personne trouve en elle les ressources pour atteindre l'objectif par son travail effectif, alors l'expérience se transforme en plaisir, ce qui nourrit la confiance en elle. Ainsi, la confiance en soi n'exonère pas du doute lié à tout travail. Mais elle permet d'expérimenter les périodes de doute et d'inconfort comme des éléments incontournables de tout travail, de tout accomplissement professionnel et de toute réussite.

• Les autres ont confiance en eux

Enfin, mes clients ont généralement l'impression que les autres, leurs pairs, leurs patrons, disposent d'une solide confiance en eux. Souvent, ils s'imaginent qu'existe une « caste » d'élus dotés d'une confiance en eux inoxydable. Cela alimente le sentiment de honte et de solitude lorsqu'ils éprouvent un manque de confiance en eux. Si on ne peut nier des prédispositions individuelles, comme pour beaucoup de compétences, la confiance en soi est une aptitude qui se développe, se travaille, se renforce. Ainsi, quelqu'un qui démontre une aisance apparente, un comportement assertif, une manière de faire qui force notre admiration, ne dit rien de son chemin intérieur ni de sa confiance en lui. La comparaison avec les autres, avec ses pairs est inévitable dans le monde professionnel. Elle est d'ailleurs souhaitable, car observer les autres et leurs comportements est une des meilleures manières d'apprendre et de se développer. La tentation est donc grande de faire un lien direct entre les comportements observés chez d'autres et leur confiance en eux.
À cet égard, le témoignage d'Aude de Thuin, dans son livre *Forcer le destin*, est un enseignement riche. Cette femme, qui a connu

18. Voir Clé n° 5 : « Apprendre : les variations de la confiance », p. 158.

multiples succès en tant qu'entrepreneure, témoigne avoir toujours douté d'elle-même, de ses compétences et de ses aptitudes, même dans ses plus grands moments de réussite. Incarnant, vue de l'extérieur, l'énergie, la combativité, l'audace et la vision, elle dit s'être souvent vue comme un imposteur. Sa vie professionnelle a d'abord été un combat intérieur, ses succès, son aisance ne disaient rien des doutes qui l'assaillaient et que, chaque jour, elle surpassait.

• **Ma confiance en moi vient de moi**

Enfin, les clients ajoutent souvent une exigence supplémentaire à ce qu'ils sont : ils sont seuls responsables de leur confiance en eux. Or la confiance en soi est relationnelle. Elle doit rencontrer un minimum de reconnaissance pour s'alimenter. On peut disposer de multiples compétences et aptitudes, et réussites, si on ne rencontre jamais la reconnaissance de ces dernières dans les yeux des autres, il est très difficile de se faire confiance à soi.
À cet égard, l'évolution du travail des cadres en entreprise est un vrai *challenge* pour la confiance en soi. Ce travail est de plus en plus désincarné et éloigné de la production. Ainsi, il est très difficile de mesurer la qualité de sa propre contribution et son propre résultat. En effet, plus les environnements sont incertains et les responsabilités diffuses, plus la qualité de ce que vous produisez est difficile à évaluer. Ainsi, le regard qui est porté sur la qualité du travail devient déterminant dans la confiance qu'on s'accorde à soi-même.
Dans le livre *The Set-Up-To-Fail Syndrome. How Good Managers Cause Great People to Fail*, les auteurs, Jean-François Manzoni et Jean-Louis Barsoux démontrent les conditions et mécanismes qui amènent un supérieur à douter de son collaborateur et, ainsi, à le conduire dans une prophétie autoréalisatrice à la sous-performance. Ils démontrent que, dans des périodes de résultats insuffisants, il est fréquent que ces mécanismes de méfiance se mettent en place dans les entreprises. Face au doute et à l'incertitude sur des résultats, une mécanique de surcontrôle du patron s'installe, qui peut faire perdre le sens de l'action à son collaborateur, qui se désengage et accomplit alors moins bien son travail. Dans ces spirales, il est difficile de résister seul. La confiance en soi peut difficilement

résister durablement à la défiance d'un entourage managérial. Il est alors important de demander de l'aide à des pairs, aux ressources humaines ou à un coach.

Dissoudre le manque de confiance en soi : l'exemple de Benoît

Face au diagnostic porté par le client sur lui-même d'un manque de confiance en lui, il convient d'investiguer ce qui se trouve derrière ce diagnostic valise, derrière cette étiquette générique. Il s'agit de partir à la rencontre du manque de confiance en soi de notre client. Celui-ci est bien spécifique, il apparaît dans des circonstances particulières, à un moment particulier de la vie de notre client. Aller à la rencontre du manque de confiance en soi de notre client permet immanquablement de trouver les pistes de résolution du problème sous-jacent.

• Le symptôme chez Benoît

Un coaching d'un cadre à potentiel : Benoît, directeur marketing d'un secteur d'activité d'une compagnie internationale de service, est coaché à sa demande et à celle de son manager, membre du comité exécutif.
La manière dont son manager voit les choses : Benoît est très performant, il « délivre ». De plus, il a un fort sens de l'entreprise, il est très engagé et possède un fort sens du collectif. Dans l'enquête réalisée avant son coaching auprès de ses pairs et de ses collaborateurs, les verbatims témoignent qu'il est quelqu'un sur qui on peut compter, qui répond toujours présent pour le bien de l'entreprise. Pour autant, son patron souhaite qu'il soit accompagné, car si Benoît est très performant dans le « faire », il est moins à l'aise dans le savoir-faire. Or, dans la dynamique de changement de l'entreprise, ce que Benoît accomplit et met en œuvre quotidiennement doit être connu de tous pour accompagner la dynamique de transformation du groupe. Pour son patron, pour poursuivre son chemin de réussite, il est important que Benoît développe son *leadership*, son impact et son influence pour continuer à transformer l'entreprise.

La manière dont Benoît voit les choses est la suivante : il est submergé par les questions opérationnelles, il a à cœur de bien faire son travail, d'atteindre ses objectifs et de tenir ses engagements et les délais de ses projets. Il est collaboratif par nature et a le sens de l'entreprise. Pourtant, il dit ne pas être assez brillant, pas assez percutant dans ses présentations, notamment lors de ses présentations au Comex. Par ailleurs, il constate que d'autres sont moins dans le fond des choses, mais savent faire parler d'eux, prendre la parole, briller et faire ainsi avancer leurs idées. Il se décrit comme « le bon camarade, le gentil garçon engagé » sur qui on peut compter, mais qui n'obtient pas une reconnaissance à la hauteur de son engagement. Il est dans une période de doute important, de manque de confiance en lui, ce qui lui donne une piètre opinion de lui-même. Il avoue du coup avoir tendance à se réfugier dans ce qu'il sait déjà faire et/ou il se sent compétent : l'opérationnel.
Au travers de cet exemple, on perçoit le cercle vicieux de la perte de la confiance en soi : l'écart ressenti entre la situation vécue par la personne et l'idéal qu'elle croit devoir atteindre paraît tellement important et lui est tellement douloureux qu'elle préfère se concentrer sur ce qu'elle sait déjà bien faire et qui ne la rapproche en rien de son idéal, voire l'en éloigne[19]. Ce qui ne fait qu'alimenter son sentiment d'inaptitude et son symptôme du manque de confiance en soi… CQFD.

• Partir à la rencontre du manque de confiance en soi de notre client

Le symptôme, identifié et ressenti comme un manque de confiance en soi, émerge dans des circonstances particulières qu'il est important de retracer pour comprendre ce que le client vit et ce qui se joue pour lui dans ces moments-là. Aussi, le questionnement autour des circonstances de son apparition est important.

---

19. Voir Clé n° 4 : « Déjouer les peurs d'agir », p. 99.

QUESTIONNEZ-VOUS...

Exemple de questions pour partir à la rencontre du manque de confiance en soi de notre client
Racontez-moi la dernière fois que vous avez éprouvé ce manque de confiance en vous.

- **Quelles étaient les circonstances ?**
- **Quel était l'enjeu pour vous ?**
- **Qui était présent ?**
- **Que vous a-t-on dit ?**
- **Que s'est-il passé ?**
- **Qu'avez-vous fait ou tenté de faire ?**
- **Que vous disiez-vous intérieurement ?**
- **Cela vous fait-il penser à d'autres situations comparables ?**
- **Qu'avez-vous ressenti ?**
- **Qu'avez-vous laissé paraître de votre état intérieur ?**
- **Quelle image vous vient en tête en repensant à cette situation ?**

• Le symptôme chez Benoît

En questionnant Benoît selon ce canevas, il est apparu qu'il se sentait particulièrement inapte lors de présentations au Comex. Pourtant, ces dernières étaient bien préparées, riches et structurées, mais il avait l'impression de ne pas vraiment toucher et mobiliser son auditoire. Par ailleurs, il s'est avéré que son manque de confiance en lui était décuplé par la présence d'une femme membre du Comex à l'aisance verbale importante, capable d'avoir un avis tranché sur tous les sujets, qu'elle ne se privait pas d'exprimer avec force dès qu'elle le pouvait. Face à elle, Benoît avait peur de ne pas savoir répondre et se sentait incompétent au regard de sa manière de faire qu'il situait comme un idéal comportemental, un point de référence pour mesurer sa propre incompétence. Il souffrait d'avoir un esprit d'escalier, en sortant, il s'en voulait de ne pas avoir davantage pris la parole. Il se refaisait un film de ce qu'il aurait dû ou pu faire de mieux.
Par la suite, ce ressenti négatif s'étendait au reste de sa vie professionnelle, il se vivait dans ces moments comme un garçon terne, bon soldat, engagé, mais incapable d'aller plus loin faute de cette capacité à s'affirmer dans ces moments clés.

À travers cet exemple, on perçoit comment la perte de la confiance en soi opère. D'un événement minime ou d'une inaptitude ressentie même ponctuelle, elle en vient, par contagion et par généralisation, à modifier de manière globale la vision que l'on a de soi.

• Investiguer l'idéal à atteindre

Dans les circonstances spécifiques de l'émergence du manque de confiance en soi de notre client apparaît toujours en creux un idéal de comportement qu'il croit devoir atteindre et qu'il n'arrive pas à atteindre. Selon l'expression anglaise, il s'agit de questionner le « *What does "good" look like?* ». À cet égard, le langage du management et du *leadership* peut se montrer trompeur ; on y retrouve aussi beaucoup de concepts flous : je devrais être plus politique, je devrais être un meilleur leader, je devrais être plus percutant, je devrais davantage inspirer le changement... Toutes ces formules sont floues. Il est important de comprendre, au travers des yeux de son client, comment ces formules se traduisent en termes de comportement.

QUESTIONNEZ-VOUS...

Exemple de questions pour partir à la rencontre de l'idéal comportemental de notre client
- Dans cette circonstance, quelle serait la bonne manière de faire ?
- Qu'auriez-vous rêvé de pouvoir faire, dire ?
- Selon vous, comment devriez-vous faire dans ces circonstances ?
- Comment cela se traduirait-il ?
- Que feriez-vous de différent ?
- Comment savez-vous que c'est cela qu'il faudrait faire ?
- Quels seraient les impacts si vous procédiez comme cela ?
- Si vous réussissiez à faire cela ou à être comme cela, qu'est-ce que cela changerait dans votre vie ?
- En quoi cela modifierait-il la vision que vous avez de vous-même ?

Dans le cas de Benoît, l'idéal de comportement incluait les éléments suivants :

• il se devait de pouvoir répondre à toutes les questions susceptibles de lui être posées, donc de maîtriser tous les chiffres sous peine d'apparaître comme incompétent. Il ne devait s'exprimer qu'en ayant une maîtrise exhaustive, absolue et détaillée de son sujet ;

• il se devait de respecter l'instance du Comex, et donc de peser ses mots et ses propos qui, selon lui, avaient valeur d'engagement ferme et définitif ;

• il se devait aussi d'être brillant, d'avoir de l'esprit, de pouvoir répondre du tac-au-tac à toutes les questions, d'avoir une fluidité de parole, une capacité à occuper le terrain, à ne pas lâcher prise, à défendre son point de vue afin d'imposer ses idées.

• Dissoudre le symptôme : comprendre d'où vient cet idéal et amener son client à prendre position face à cela

Une fois défini l'idéal de comportement, il est important d'amener son client à prendre conscience des composantes sous-jacentes de l'idéal qu'il souhaite atteindre et de l'accompagner à se positionner face à cela.

Un idéal comportemental est toujours un mélange de différents composants. Certains reflètent des valeurs auxquelles le client tient, certains sont issus de traditions éducatives, de normes familiales ou culturelles, certains viennent du monde du management ou des règles implicites de la culture d'entreprise. Tous ces composants ont contribué à forger un idéal qu'il s'imagine devoir atteindre.

Le coach ne sait pas à l'avance ce qui se cache derrière cet idéal de comportement que son client se fixe. Il ne sait pas ce qui est réellement important et précieux pour son client, ni ce qui l'est moins.

QUESTIONNEZ-VOUS...

Exemple de questions pour savoir d'où vient l'idéal comportemental de notre client
- Pourquoi pensez-vous que c'est la bonne manière de faire ?
- Comment savez-vous que c'est la bonne manière de faire ?
- D'où vous vient cette idée que c'est ce qu'il faudrait faire ?
- Connaissez-vous d'autres manières de faire ?
- D'autres personnes procèdent-elles différemment ?
- Avez-vous déjà réussi à vous comporter de la sorte dans d'autres circonstances ?

Exemple de questions pour aider le client à identifier les valeurs sous-jacentes
- Qu'est-ce qui est important pour vous dans le fait de faire ainsi ?
- Quel nom donneriez-vous à la valeur sous-jacente à ce comportement ?
- En quoi cette valeur est-elle importante pour vous ?
- Qu'est-ce qu'elle vous permet de faire ? Que vous empêche-t-elle de faire ?
- Comment cette valeur s'incarne-t-elle aujourd'hui dans votre vie professionnelle ? Et dans votre vie au sens large ?
- La manière que vous avez de vivre cette valeur dans votre vie professionnelle correspond-elle à ce que vous souhaitez ?
- Si non, comment pourriez-vous faire pour vivre cette valeur de manière différente ?

Derrière cet idéal de comportement, Benoît a pu exprimer ce qui lui tenait à cœur :
- la pertinence et la fiabilité étaient des valeurs importantes pour lui, qui faisaient profondément partie de son identité personnelle et professionnelle. Il souhaitait rester quelqu'un de reconnu pour sa fiabilité, sa pertinence technique et sa précision. Ces éléments faisaient partie de sa réussite passée et à venir ;
- l'engagement et le sens de la parole donnée étaient des valeurs fortes pour lui ;
- faire entendre son point de vue et exposer la qualité de son travail était important pour la reconnaissance et la réussite professionnelle dont il souhaitait faire montre devant sa femme et ses enfants ;

• faire entendre son point de vue et la qualité de son travail était aussi une manière d'obtenir de la reconnaissance et des moyens pour ses équipes.

Enfin, le respect d'autrui et la dimension collaborative étaient des valeurs importantes pour lui, ce qui le mettait mal à l'aise dans le fait de prendre la parole à tout va, d'intervenir de manière péremptoire, de se prononcer sur des sujets qu'il ne maîtrisait pas (comme tout membre du Comex).

• Renouer avec l'enthousiasme : agir à partir de ce qui donne du sens

À ce stade, le manque de confiance en soi a disparu. Le client a redéfini ce qui a du sens pour lui, il s'est reconnecté à ce qui est important pour lui, ce qui l'anime, ce à quoi il souhaite rester fidèle. Il a redéfini ce qu'il désire réussir à ce moment de sa vie : ses valeurs, ses rêves, ses aspirations, ce qui compte et ce qui est précieux pour lui. Ce faisant, il retrouve de l'énergie, de l'envie et de l'enthousiasme.
Au lieu de chercher à atteindre un idéal lointain non connecté à des aspirations qui lui sont propres, il agit dans son quotidien pour faire vivre ce qui a du sens pour lui. Immanquablement, lorsqu'on en est là, le symptôme du manque de confiance en soi a disparu. Ce n'est plus l'enjeu. On peut alors accompagner son client pour l'aider à mettre en œuvre ce qui va lui permettre de faire vivre ce qui est important pour lui. À ce moment-là commence le temps de l'action. Il s'agit de voir comment faire vivre tout ce à quoi il attache de l'importance.

Pour Benoît, son plan d'action est passé par :
• bien préparer ses interventions sur le plan technique, mais aussi par une visualisation de son intervention et de la manière dont cela pouvait se dérouler ;
• envisager et préparer des réponses à un certain nombre de questions ;

• envisager et préparer des attitudes ou réponses dans le cas où il n'aurait pas la réponse ;
• se donner des challenges lors de certaines réunions pour être sûr de participer aux échanges (j'interviens x fois à cette réunion) ;
• multiplier les opportunités d'interventions dans des forums moins « risqués » que le Comex pour s'exercer à de nouveaux styles de comportements ;
• revoir ses journées pour repérer tout ce qu'il a mis en place pour faire vivre ce qui est important pour lui.

Dans ce parcours, il y a eu des réussites et des échecs, mais ce qui était différent, c'est que Benoît était connecté à ce qui était important. Cela lui a donné la résilience et la capacité d'avancer vers ses objectifs. Se mettant plus en avant, il a développé son réseau interne au sein de sa filiale, mais aussi au sein du groupe. Il a été mieux reconnu et identifié, ce qui lui a permis d'être promu au bout de quelques mois dans une filiale à l'étranger, expérience qu'il souhaitait vivre avec sa famille.

Une autre manière de voir la confiance en soi

La confiance en soi, c'est croire que l'on dispose en soi des ressources suffisantes pour vivre, accomplir et réussir ce qui a du sens pour soi. Cette manière de voir la confiance en soi permet de l'appréhender sous un autre jour. Il s'agit d'une vision dynamique de la confiance en soi qui se développe dans l'interaction entre les ressources, les actions et les aspirations profondes, et est sujette, comme tout ce qui vit, à des variations ponctuelles de niveau et d'intensité, variations qui lui permettent, *in fine*, de s'affermir.

Aussi en coaching, accompagner un client dans une quête de la confiance en soi, c'est en réalité faire le détour par la découverte de « ce qui a du sens pour lui » : ses aspirations, ses rêves, ses valeurs. C'est en se reconnectant avec ce qu'ils souhaitent accomplir dans leur vie que les clients puisent la ressource pour traverser certains doutes, développer de nouvelles manières de faire, de nouvelles compétences, pour endurer certains échecs avec enthousiasme, pour réussir !

Le mot-clé, c'est « préféré »

Quand l'histoire dominante prend tellement de place qu'elle sape la confiance en soi

Lors de notre premier entretien, Séverine, 41 ans, m'explique qu'elle doit à tout prix retrouver un emploi fixe et correctement rémunéré : bientôt, son mari ne touchera plus ses indemnités de chômage, et leur situation financière va devenir très précaire. Cette recherche d'emploi l'angoisse d'autant plus que cela fait trois ans qu'elle travaille de façon occasionnelle, et qu'elle a également un « trou » (c'est le mot qu'elle utilise) dans son parcours professionnel correspondant aux années qu'elle a consacrées à élever son fils alors petit. De plus, elle se sent handicapée par son double profil, puisqu'elle a travaillé dans un poste administratif du secteur public – une expérience qui ne s'est pas très bien terminée –, avant de devenir formatrice d'adultes. Séverine ne sait plus si elle doit postuler à des emplois administratifs – ils offrent une plus grande stabilité même s'ils l'attirent peu, et puis, me dit-elle, son expérience commence à dater – ou dans le domaine de la formation, qui l'intéresse davantage, mais où elle n'a jamais eu de poste fixe, sans compter que les plannings qui changeaient d'une semaine à l'autre compliquaient son organisation.

Dès que Séverine voit passer une offre susceptible de lui convenir, elle a l'impression qu'il lui manque quelque chose : de l'expérience, un diplôme, des compétences... Aussi ne cesse-t-elle de refaire son CV dans l'espoir de masquer ce qu'elle appelle ses lacunes, et qu'elle passe son temps à souligner pendant notre échange. Précisons que Séverine a fait des études supérieures et s'est formée régulièrement en fonction de ses objectifs professionnels.

Ce qui me frappe, c'est que j'ai face à moi une femme très capable, mais elle est si bouleversée par sa situation qu'elle est déconnectée de ses propres ressources.

• **Éclairage**

En approche narrative, l'histoire dominante est celle que l'on raconte sur nous et/ou que nous nous racontons sur nous-mêmes, et dont nous nous sentons prisonniers. Elle correspond à des étiquettes auxquelles nous avons pu nous identifier à une époque, mais dont nous ne voulons plus : « anxieux », « soupe au lait », « cancre », « clown », « bon élève », « trop serviable », etc. Pour revenir à Séverine, elle me/se raconte l'histoire de « pleine de lacunes ». Elle a notamment l'impression qu'elle devrait toujours maîtriser parfaitement le sujet quel qu'il soit, alors qu'elle n'a pas du tout le même niveau d'exigence avec les autres.
Nous sommes tous pluridimensionnels : on ne peut pas nous mettre dans une case, nous réduire à un seul trait de personnalité. Bien sûr, il est parfois tentant de le faire : ça paraît plus simple alors qu'en fait, cela revient à appauvrir notre identité. Or celle-ci est riche, car nous sommes constitués de multiples facettes correspondant à de nombreuses histoires. Non seulement nous ne sommes pas réductibles à une seule histoire, mais nous pouvons apprendre à choisir celles qui nous soutiennent, nous aident dans notre parcours, et qu'on appelle en narrative les histoires préférées.
Tout l'objet de l'accompagnement, c'est d'aider la personne, par un questionnement, à prendre conscience des autres histoires qui la constituent et qui, parce qu'elles la relient à ce qui est important pour elle (ses valeurs), à ce qu'elle aime faire (ses centres d'intérêt, ses activités préférées), à ce qu'elle sait faire (ses ressources), lui permettent de reprendre le volant de son existence au lieu de rester à la place du passager, autrement dit, de redevenir auteur de sa vie.

• **Décrire ses expériences préférées pour renouer avec ses valeurs et ses ressources**

Lorsque Séverine revient me voir, je me sers de son CV comme porte d'entrée et lui demande de choisir une expérience où elle s'est sentie à l'aise, et de m'en parler. Aussitôt, elle m'explique comment elle procède pour enseigner le français langue étrangère à des adultes débutants. Sous mes yeux, elle se métamorphose. Dès qu'elle se

replonge dans cette activité d'enseignement, son visage s'éclaire, sa voix s'anime... La femme abattue et remplie de doutes sur ses capacités cède la place à une personne assurée, attentive aux besoins de ses élèves et capable de les aider à surmonter leurs difficultés d'apprentissage grâce à l'approche qu'elle a développée. À cet instant où Séverine est en lien avec ce qu'elle aime et sait faire, ainsi qu'avec les valeurs de transmission et de partage qui lui tiennent à cœur, la confiance est elle aussi au rendez-vous. Autant la confiance n'est pas quelque chose que l'on possède dans l'absolu, autant il est possible de l'éprouver quand nous sommes reliés à ce que nous savons faire et qui compte pour nous.
Pour continuer à nourrir cette histoire préférée et la renforcer, je demande à Séverine si elle a une autre expérience à me raconter, qui illustre aussi ses capacités à transmettre un savoir en tenant compte des spécificités de chaque personne. Et ce qu'elle partage avec moi montre quelle pédagogue pleine d'imagination et de ressources elle est, bien loin de cette personne « pleine de lacunes » qu'elle m'a présentée au début de notre conversation.

• Exercice pour nourrir la confiance en soi

Vous pouvez avoir recours à cet exercice dans beaucoup de situations. Par exemple, pour vous préparer à un entretien, dans le cadre d'une embauche, d'une évaluation annuelle, d'une demande d'augmentation ou de promotion, vous pouvez vous entraîner à parler en détail de vos expériences réussies, c'est-à-dire celles où vous avez pu utiliser vos ressources ou en acquérir de nouvelles. Le mieux, c'est de pouvoir pratiquer avec un interlocuteur (ami, conjoint, collègue de bonne volonté, coach) qui vous posera des questions. Si vous commencez par vous exercer seul, écrivez vos récits en fournissant le plus de précisions possible sur la manière dont vous avez procédé.

Retrouver une marge de manœuvre

Je reçois régulièrement des personnes qui se sentent coincées sur le plan professionnel : elles ont quitté ou souhaitent quitter un emploi qui ne leur convient pas ou plus, mais ne savent pas comment s'y prendre pour changer, ni par où commencer. Leur sentiment d'impuissance est renforcé par le message qu'elles reçoivent souvent de leur entourage et qu'elles ont intériorisé, à savoir qu'elles n'ont guère d'autre choix que de chercher un poste relativement similaire au précédent. Je cherche alors à repérer avec elles s'il n'y a pas moyen d'apporter un peu de souplesse dans ce schéma, même à un autre niveau.

Valérie, 38 ans, vient me voir parce qu'elle est en arrêt maladie pour cause de *burn-out* et se sent physiquement malade à l'idée de reprendre son travail dans sa société de recouvrement de créances. Ce qu'elle fait n'a plus de sens pour elle et elle aimerait se réorienter, sans savoir quelle voie emprunter. Pourtant, elle se sent obligée d'envoyer – sans conviction – des candidatures à des entreprises du même domaine, car elle n'arrive pas à envisager que d'autres opportunités puissent s'offrir à elle.

Rechercher un emploi est tout sauf facile et confortable. Non seulement c'est une démarche souvent solitaire, mais on ne reçoit pas toujours de soutien, même de la part d'un entourage bien intentionné. On se retrouve parfois coincé entre la pression que l'on se met, celle de ses proches, et la pression sociale. Toute personne placée dans cette situation a senti à un moment ou à un autre le poids du regard des autres, et a pu être blessée par des réflexions maladroites et/ou désobligeantes.

Chaque matin, il faut recommencer, guetter les annonces, trouver en soi l'élan nécessaire pour écrire des lettres de motivation, remplir des dossiers de candidature… Sans compter que, pour avoir accès au marché caché de l'emploi, il est nécessaire d'activer et de développer ce fameux « réseau » dont on nous rebat les oreilles. Lorsqu'on a le sentiment de ne pas en avoir, cette nécessité devient vite une injonction paralysante.

La recherche d'emploi est donc un travail prenant, qui demande une énergie considérable. Et le fait de recevoir des réponses négatives – ou de ne pas obtenir de réponses du tout – peut fortement entamer le moral et la confiance en soi. Quand la personne est dans ce genre de situation, plutôt que de me focaliser sur le domaine professionnel, où les choses apparaissent figées de prime abord, j'emprunte des chemins de traverse.

• Se relier à ce qu'on aime, à ce qui nous fait plaisir

Au quotidien, nous sommes tous amenés à composer avec des contraintes plus ou moins fortes. Aussi, pour rétablir ou renforcer notre sentiment de confiance en soi, il est essentiel de nous reconnecter à ce que nous aimons faire, sans effort, à ce qui nous fait du bien et nous permet de respirer plus librement.

Posez-vous la question, ou faites cet exercice avec une personne bienveillante de votre entourage :
• Quelle est ma bulle d'oxygène dans mon quotidien ?
• Quelle activité me procure du plaisir ?

Quand je questionne Valérie sur ce qu'elle aime faire, sa réponse fuse : « Rien ! » Elle m'assure n'avoir aucun centre d'intérêt, alors qu'au fil de notre entretien, j'en repère plusieurs, que je relève en la priant de m'en dire davantage. Elle me confie à quel point elle aime écrire, et elle mentionne aussi le fait qu'elle souhaiterait suivre une formation de décoration d'intérieur, car elle se passionne pour le sujet, même si pour l'instant elle n'a pas les moyens de la financer. Après avoir exploré le versant écriture – elle tient un journal depuis longtemps, elle a fait un stage où elle a pu utiliser et valoriser ses qualités rédactionnelles –, nous échangeons sur son vif intérêt pour la décoration, et j'élargis mes questions aux domaines proches de cette activité, comme l'immobilier ; je comprends à sa réaction qu'elle s'y intéresse. Puisque pour l'instant sa recherche d'emploi est infructueuse, et qu'elle ne supporte pas de rester chez elle à attendre, je lui propose d'essayer une autre approche.

Faut-il avoir confiance en soi pour agir ou agir pour avoir confiance en soi ?

L'expérience m'a appris une chose : si on attend d'avoir confiance en soi pour bouger, on risque d'attendre très longtemps. Tout comme les personnes que j'accompagne, il m'est arrivé – et cela m'arrivera sans doute encore – de me sentir bloquée dans mon existence, tant sur le plan personnel que professionnel. Je n'arrivais plus à avancer, je ne voulais plus d'une situation, et pourtant je ne faisais rien pour en sortir. À chacune de ces occasions, ce qui m'a permis de surmonter le blocage et de reprendre peu à peu confiance en moi a été de poser un acte, aussi modeste soit-il. Parfois, cet acte n'avait qu'un rapport lointain, en apparence du moins, avec la question qui m'occupait. En voici une illustration.

Il y a une douzaine d'années, j'ai décidé de me réorienter. En réalité, les choses ne me sont pas apparues tout de suite de façon aussi claire ni aussi tranchée. Je m'étais déjà reconvertie une fois, passant d'un poste à responsabilités en entreprise à une profession *free-lance* que j'exerçais à domicile. Dans mon premier emploi, j'avais développé une confiance assez stable en mes capacités, et cette confiance était directement liée avec ce que je faisais au quotidien et qui impliquait d'être en contact constant avec ma hiérarchie, les personnes que j'encadrais, l'ensemble du personnel et de nombreux interlocuteurs extérieurs. Depuis que j'étais en tête à tête avec mon ordinateur, cette confiance avait tendance à s'estomper ; d'autant plus que le doute et la remise en question permanente étaient inhérents à mon métier.

Dès l'adolescence, j'avais acquis une seule certitude, celle que je n'exercerais pas toute ma vie la même profession, d'une part parce que l'environnement socio-économique ne s'y prêtait plus, d'autre part (et surtout) parce que je ne me voyais pas passer plus de 40 ans à faire la même chose au même endroit.

Quand l'idée de me réorienter une nouvelle fois m'est venue, je ne suis pas tout de suite passée à l'action. À vrai dire, j'avais le sentiment, comme l'ont souvent les personnes que j'accompagne aujourd'hui, que j'étais coincée dans une case côté professionnel, et que j'aurais beaucoup de mal à en sortir. Ce dont j'étais sûre se résumait à cela : le plus important pour moi, c'était l'humain, et mon activité de traductrice littéraire, bien que très stimulante sur le plan intellectuel, était beaucoup trop solitaire. J'avais cependant pris goût à la liberté de m'organiser comme je l'entendais, et j'appréciais toujours autant d'avoir des tâches variées. Enfin, j'avais absolument besoin de m'engager dans une activité qui ait du sens pour moi, et de me sentir utile au quotidien. Dans ce but, j'étais

prête à me former, mais pas nécessairement à m'engager dans un cursus de longue durée.
J'ai relu les notes que j'avais prises au fil du temps et le document de synthèse de mon premier bilan de compétences. À mesure que les choses se décantaient, j'ai discerné deux éléments majeurs : je souhaitais travailler dans l'accompagnement professionnel, et je désirais apporter, d'une façon ou d'une autre, du soutien aux femmes. Je ne savais alors pas trop comment m'y prendre pour atteindre et concilier ces deux objectifs. Suite à plusieurs déménagements et à mon premier changement d'activité, je ne disposais d'aucun réseau dans ma région, je n'avais pas encore identifié de formation appropriée, et il n'y avait de toute évidence aucun chemin tracé pour faire aboutir ce projet. En outre, même si j'avais amorcé ma réflexion depuis un certain temps déjà, je n'avais encore posé aucun acte susceptible de me mener dans la bonne direction. Par où commencer ? Je n'en avais aucune idée.
Un jour, une revue dans un cabinet médical a attiré mon attention. Elle était publiée par une association en lien avec les femmes, dont – première petite action – j'ai décidé de devenir membre. Quand l'occasion se présentait, j'assistais à une rencontre organisée par cette association ; il m'arrivait aussi de participer à un atelier. J'ai ainsi sympathisé avec d'autres personnes qui partageaient mes intérêts. En discutant un jour avec la femme médecin qui m'avait permis de découvrir cette association, j'ai appris qu'une de ses amies en faisait elle aussi partie. Et, à l'issue d'une assemblée générale, j'ai osé l'aborder. Durant notre conversation, elle m'a proposé de la rejoindre dans une autre structure – également en lien avec les femmes – en tant que bénévole, ce qui m'a permis de me constituer un embryon de réseau de manière informelle, et toujours autour de thèmes qui me tenaient à cœur. Parallèlement, je me suis formée.
Je me dois ici de préciser comment j'ai découvert cette formation : une amie à qui j'avais fait part de mon désir de changer m'a conseillé la lecture d'un ouvrage qui m'a passionnée, et en me renseignant sur son auteure, j'ai découvert l'existence de la formation à laquelle je me suis inscrite quelques mois plus tard. J'en profite pour faire un rappel utile d'un aspect développé dans l'ouvrage que vous êtes en train de lire : la confiance en soi se

construit dans notre relation aux autres. C'est justement à force de tisser des liens qui n'avaient à première vue aucun rapport entre eux que j'ai pu mener mon projet à bien. Cela m'a pris du temps, j'ai connu de nombreux moments de découragement, et lorsque j'agissais, je n'avais pas conscience que j'œuvrais pour mon projet. C'est ce que j'appelle *l'effet Marabout'd'ficelle* : une action, aussi modeste soit-elle, en entraîne une autre, et ainsi de suite jusqu'à ce qu'un chemin commence à se dessiner.

Ainsi, c'est l'action qui favorise la confiance en soi. L'essentiel, pour ne pas se décourager, est de se fixer un but à sa mesure, et non de mettre la barre si haut que nous aurons tôt fait, moi la première, de nous donner toutes les excuses du monde pour ne rien entreprendre. Se donner un défi à relever, aussi petit et modeste soit-il à nos yeux, est l'occasion de faire un premier pas qui, espérons-le, en entraînera beaucoup d'autres.

Revenons à Valérie : je sais à présent qu'elle s'intéresse particulièrement à l'écriture, à la décoration et à l'immobilier. En lui posant quelques questions, j'apprends qu'elle connaît des gens qui travaillent dans ce secteur. Je lui suggère donc de consacrer un peu de temps à explorer ce domaine afin d'en découvrir les différents métiers. Se sent-elle suffisamment à l'aise avec ces personnes pour solliciter un rendez-vous de leur part ? Quelle façon lui conviendrait le mieux pour les contacter ? Mail, téléphone ? Ensemble, nous échangeons sur la manière dont elle pourrait s'y prendre, et sur les questions qu'elle pourrait poser à ses interlocuteurs. Surtout, je m'assure auprès de Valérie qu'elle se sent capable de prendre ces initiatives que nous envisageons ensemble. Ce sont des possibilités qui s'offrent à elle, et elle est libre de passer à l'action ou non, ou de s'y prendre tout autrement si une approche plus adaptée à sa situation se présente à son esprit. Simplement, si Valérie veut faire bouger les choses, elle sait à présent qu'il existe des moyens de sortir de la case dans laquelle elle se sent enfermée.

• Et vous ?

• Pourriez-vous imaginer une première action, même sans rapport apparent avec votre objectif actuel, qui vous remettrait en mouvement et favoriserait ainsi votre reprise de confiance ?

• Avez-vous déjà pratiqué un sport ou une activité artistique (par exemple) qui vous donnait de l'énergie et de l'assurance, et que vous avez abandonné à une période où les circonstances étaient moins favorables ? Ce pourrait être l'occasion de reprendre.
• Peut-être avez-vous envie de vous lancer dans quelque chose d'entièrement nouveau ? Vous inscrire enfin à des cours de théâtre, vous engager dans une association dont vous partagez les valeurs...
• Laissez libre cours à votre imagination, puis regardez les possibilités qui s'offrent à vous près de votre domicile ou de votre travail.

Comme le disait si justement Lao Tseu : « *Un voyage de mille lieues commence toujours par un premier pas.* »
Une autre citation, de Sénèque, me sert de guide depuis plusieurs années ; en la lisant, j'ai l'impression qu'elle a été écrite pour moi : « *Ce n'est pas parce que les choses sont difficiles que nous n'osons pas, c'est parce que nous n'osons pas qu'elles sont difficiles.* » Je me la récite comme un mantra chaque fois que je dois entreprendre quelque chose de nouveau et que je suis tentée de baisser les bras.

• Quand le manque de confiance paralyse l'action

Parfois, nous aimerions agir, nous avons même une idée de ce que nous pourrions faire, et pourtant nous sommes incapables de nous lancer. C'est le cas de Karine, 39 ans, qui vient me voir parce qu'elle souhaite retrouver une activité rémunérée après avoir consacré dix ans à sa famille et à ses enfants. Elle possède une solide expérience professionnelle dans l'optique, pourtant elle ne semble pas très motivée pour retourner travailler chez un opticien. Quand elle me parle de son sentiment de décalage, je cherche à savoir si sa réticence est liée à l'évolution des techniques, auquel cas elle pourrait suivre une formation. Ce n'est pas pour cette raison, me dit-elle, elle a d'ailleurs postulé à deux ou trois endroits avant de venir me voir, même si elle ne se sent plus trop en phase avec ce milieu et si elle a constaté que son éloignement du marché du travail diminue ses chances de retrouver rapidement un emploi. Au cours de notre entretien, Karine m'explique que ce qui la passionnait dans son dernier poste, c'était d'apporter une réponse adaptée aux besoins des personnes malvoyantes. La vente ne l'intéresse pas du tout ; ce qui compte pour elle, c'est le fait de rendre service à ses clients. Je lui demande alors si elle a pris contact avec les associations qui œuvrent dans ce domaine, et je découvre qu'elle connaît très bien le site et les activités de la plus importante d'entre elles. Pourtant, Karine ne peut se résoudre à faire des démarches, même pour devenir bénévole, ce qui pourrait être une bonne porte d'entrée dans ce contexte, sachant qu'elle se donne un an pour décrocher un emploi.

En poursuivant notre échange, j'essaye de comprendre à quel niveau se situe son blocage. De quoi a-t-elle peur ? Que risque-t-elle à contacter cette association ? Elle finit par mettre le doigt sur ce qui la paralyse : « *Vous comprenez,* me dit-elle, *je manque beaucoup d'assurance, et c'est une cause qui me tient à cœur, mais je tiens aussi à maintenir un équilibre entre ma vie privée et ma vie professionnelle. Pour l'instant, je veux continuer à aller chercher mes enfants à la sortie de l'école, c'est important pour moi. Le problème, c'est que si jamais je m'engage dans cette association et qu'on me demande d'y consacrer plus de temps, de venir travailler les soirs ou les week-ends, je sais que je serai incapable de dire non.* »

Le manque de confiance de Karine l'empêche de s'affirmer et de poser des limites pour tenir compte de ses besoins. Que pourrait-elle faire pour surmonter ce blocage ? Nous explorons la question, et des possibilités émergent : poser un cadre avant de s'engager, fixer précisément les heures que Karine est prête à consacrer chaque semaine à l'association dès le début. Avant même de prendre son téléphone, elle va mettre par écrit ce qu'elle est prête à accepter et ce qui ne lui convient pas. Elle pourra, si elle le souhaite, revenir s'exercer avec moi.

Nous l'avons vu, la confiance en soi est intimement liée au fait d'agir, de s'autoriser à expérimenter pour reprendre les rênes de son existence. Nous avons besoin d'accepter le sentiment d'inconfort qui s'invitera peut-être au début, parce que nous avons décidé de bouger et de faire autrement.

Clé n° 3
Faire surgir l'histoire préférée qui donne confiance en soi

• Se remémorer avec le plus de précision possible ses expériences réussies.

• Se reconnecter à ce qui nous procure du plaisir : on gagne toujours à nourrir ses centres d'intérêt, surtout s'ils nous permettent d'entrer en contact avec d'autres personnes.

• Adopter la stratégie des petits pas : se fixer des défis réalistes à relever, procéder par étapes.

• Se faire accompagner dans ce processus s'il est trop difficile d'avancer seul.

Dans la relation à moi-même : je me fais confiance quand je m'accepte.

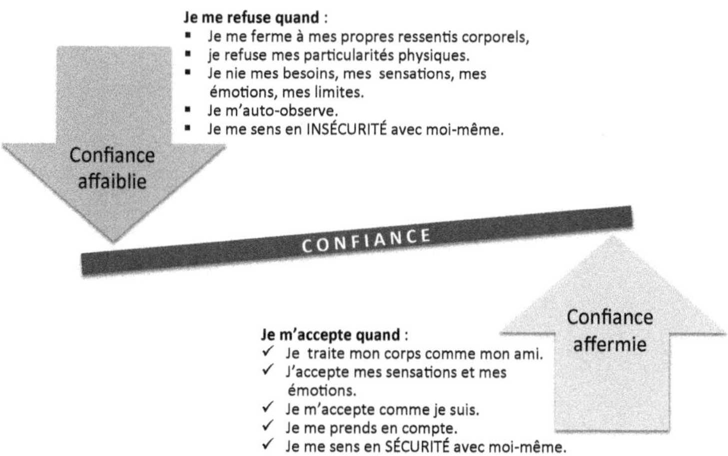

Figure 4.

PARTIE II

CHOISIR D’AGIR : SE FAIRE CONFIANCE DANS LA RELATION AU MONDE

Un souhait ne nous est jamais donné
sans que nous soit donné également le pouvoir de le réaliser,
mais il se peut que cela demande un effort.
Richard Bach

Avec l'action, nous rencontrons souvent à parts égales : l'erreur, l'échec, la réussite, l'ennui, l'effort et souvent, souhaitons-le, l'enthousiasme. Vue de l'extérieur, l'aisance dans l'action, premier signe visible, croit-on, de la confiance en soi, est quasiment associée à une faveur divine. On l'a ou on ne l'a pas. On a tôt fait d'oublier « *ce qu'il faut de sanglots pour un air de guitare* », comme le rappelle le poète Aragon, chanté par Brassens. Ces sanglots témoignent de la vie en nous (nous ne sommes pas des dieux qui n'avons rien à apprendre) et de la proximité avec ce qui nous est précieux et nous inspire. L'effort est souvent associé, à tort, à la souffrance. Faire un effort, c'est s'efforcer, agir avec force. Que l'on pratique la course à pieds, la musique, la prise de parole en public, la comptabilité ou la conduite automobile, tout savoir commence par un savoir-faire qui s'est d'abord exercé, entraîné, et où l'on s'est efforcé, pas à pas, de faire de son mieux.

La confiance que l'on se fait se traduit par exemple dans la manière dont on se sent utile et capable de faire face aux aléas que réserve l'avenir, dont on sait apprécier les réalisations des autres, mais aussi les siennes propres, dont on s'accorde à profiter d'un moment de détente pour mieux travailler ensuite, ou dont on compte sur ses compétences propres et sur celles de son équipe pour s'engager dans un projet et en surmonter les difficultés. La façon dont nous acceptons les petits aléas de la vie quotidienne traduit aussi la relation confiante que nous avons avec l'environnement où nous sommes.

Si une difficulté à passer à l'action perdure, les implacables autodiagnostics tombent alors : « procrastination, manque de confiance en soi ». Nous associons souvent, et avec raison, le fait d'être bloqués dans notre action avec un manque de confiance. C'est par l'action que nous expérimentons et construisons notre confiance dans nos compétences, dans nos ressources et dans le bien-fondé de nos actions.

Je vous propose dans cette partie de renouer avec vos ressources pour choisir d'agir. Nous verrons comment accepter le mouvement de la vie pour développer le sentiment de confiance dans nos compétences et agir en lien avec nos intentions.

Clé n° 4 : Adhérer au réel

La vie, ce n'est pas attendre que l'orage passe,
c'est apprendre à danser sous la pluie.
Sénèque

Apprivoiser les peurs d'agir

Refuser le stress conduit à idéaliser la confiance en soi

Notre relation au monde est fortement marquée par le culte du bonheur et son corollaire, la culture de la performance. Dans ce contexte, nous sommes parfois conduits à idéaliser la confiance en soi : au lieu de l'envisager comme une relation, nous ne la voyons plus que comme une compétence, d'autant plus qu'on ne la ressent plus. On se met à imaginer que, pour recevoir l'approbation des autres, être inclus, on doit savoir se montrer convenable et conforme, sous peine de ne pouvoir être accepté. On se figure qu'avoir confiance en soi, c'est être certain à l'avance de bien faire, connaître avant d'avoir appris, être capable d'apprendre sans effort, accomplir d'emblée nos tâches avec aisance et relever tous les défis avec audace et brio. À ce compte-là, la confiance en soi devient, comme me l'a confié un jour une jeune chef de projet en marketing, aussi indispensable... qu'inatteignable. Cette conception de la confiance en soi suscite en réaction des histoires pauvres en termes de ressources et d'initiatives, avec des comportements de passivité, bientôt suivis d'un sentiment diffus de culpabilité, c'est-à-dire de colère contre soi-même, en raison même des renoncements destinés au départ à éviter tout échec !

Réalité refusée : cercle de défiance

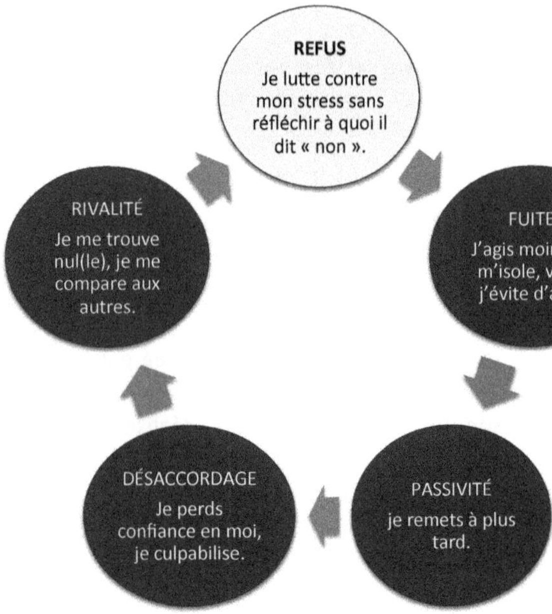

Agir, c'est provoquer un changement et s'inscrire dans le mouvement de la vie. C'est toujours faire quelque chose, et avoir par cette action une influence sur une situation, sur quelque chose ou sur quelqu'un. Nos choix nous engagent sur des chemins qui peuvent à la fois nous attirer et nous effrayer : *allons-nous y arriver ?* Cette question nous met face à nos limites. Elle interroge notre méfiance face à l'inconnu et notre confiance dans nos capacités à y faire face. C'est souvent le déséquilibre perçu entre les avantages et les pertes d'un changement qui nous empêche de nous engager dans l'action. La peur est une émotion d'anticipation déclenchée par la perception d'un danger réel ou supposé, lointain ou immédiat. Dans son livre *Affronter la peur*, Lissa Rankin distingue la vraie peur, qui est une réaction physiologique et ponctuelle, et ce qu'elle appelle nos fausses peurs, qui sont alimentées par nos croyances limitantes. La vraie peur est très précieuse et même indispensable à la vie :

face à la perception d'un danger, le corps augmente la production d'adrénaline et se mobilise pour la fuite ou la défense. Les battements du cœur s'accélèrent, l'acuité mentale est décuplée. En fonction de ses propres expériences, chacun a bâti son sentiment d'efficacité et perçoit le danger avec plus ou moins d'acuité.

La confiance en soi concerne ce que nous nous sentons capables de faire. Se faire confiance, c'est croire que :

• nous avons les ressources internes nécessaires pour affronter non pas toutes les situations, mais celle-ci en particulier ;

• nous sommes capables d'y arriver et d'être à la hauteur de cette tâche particulière.

Le manque de confiance en soi se manifeste quand il y a un désaccord entre notre corps et notre volonté. De là naît un sentiment d'inadéquation face à ce que nous voulons accomplir : d'un côté, nous voulons agir, de l'autre, nous ne nous en sentons pas encore capables.

Si nous avons une relation souple avec nous-mêmes, notre désaccordage sera de simple surface, et passager. Le manque de confiance en soi va alors nous indiquer comment agir dans le bon sens – en faisant le nécessaire pour nous adapter aux exigences de la situation. Par exemple, en recherchant des conseils avisés, en mettant nos connaissances à jour ou en nous entraînant. C'est ainsi que nous nous réaccordons, en tenant compte de nos besoins et des moyens à notre disposition.

Déjouer les peurs d'agir

Face à la peur d'agir, je peux être tenté de me protéger en me mettant en retrait. Je peux aussi la nier, en m'exposant au danger : « Mais non, je n'ai pas peur ! » En voulant me protéger de ma peur, je ne fais que creuser le besoin qui l'a déclenchée. Comme nous l'avons déjà vu, le refus d'accepter mon émotion l'amène à revenir tambouriner encore plus fort pour se faire entendre. Tant que je nie ma peur, je ne peux pas la résoudre, car je ne peux agir sur quelque chose dont je nie l'existence.

Si notre mécanisme de réaccordage s'est grippé sous l'effet de la pression, le manque de confiance en soi entrave notre initiative : dans ce cas, nous n'arrivons pas à traduire nos intentions dans les actes. Quand il s'installe, le désaccordage corps-volonté finit par changer notre relation au monde et à nous-mêmes : il modifie nos perceptions, notre image de nous-mêmes, et suscite des émotions que nous avons d'autant plus tendance à refuser qu'elles sont désagréables.

Au lieu d'embrasser le côté imprévisible de la vie comme une donnée naturelle, nous nous mettons à vouloir l'éviter comme quelque chose d'accidentel. La vie elle-même devient source de stress. Nous percevons les remarques ou les imprévus comme autant d'obstacles. Nous voilà bientôt conduits à voir les autres comme des rivaux potentiels et à anticiper l'échec.

Le refus du stress est l'ennemi de la confiance en soi. Il donne la sensation de perdre le contrôle et nous empêche de nous lancer dans des activités nouvelles. Les peurs d'agir sont nombreuses et variées. Elles prennent de multiples visages : peur de se tromper, de ne pas être assez compétent, du pouvoir et de ses responsabilités, du prestige et de s'exposer, peur de ne pas être à la hauteur, de perdre sa tranquillité, de ne pas pouvoir assumer, de ne pas être apprécié ou d'être impopulaire, de perdre la confiance de sa hiérarchie. Peur de ne pas avoir le contrôle ou de le perdre, peur d'être pris pour un rigolo…

La peur d'agir a deux facettes qui sont deux formes de réticence au changement : la peur de réussir et la peur d'échouer. Au terme « résistance », je préfère « réticence », terme qui, dans le cadre de la confiance en soi et de son manque, me semble plus juste, car il évoque une réserve et non un rapport de force. Que ce soit face à l'apprentissage ou face à toute démarche un peu différente de ce qui nous est familier, la volonté de contrôle par l'abstention est alors une manière, faute de mieux, de se protéger de la peur d'agir, de réussir ou d'échouer.

• **La peur de réussir**

Réussir veut dire mener un projet à bien, quel qu'il soit, parvenir, par son action ou par sa volonté, à atteindre le but fixé. La réussite est le résultat positif d'une suite d'actions menées en ce but. En m'entraînant tous les jours pendant un an, je devrais réussir à courir telle distance réaliste. Quand on s'est bien préparé, entraîné, la réussite est un aboutissement logique, et l'échec est perçu comme accidentel. Plusieurs croyances peuvent alimenter la peur de réussir. Quelques exemples : la croyance « J'essaie très fort, mais je n'y arrive pas » se plaît à conduire quelqu'un à vivre tout travail comme une contrainte, à procrastiner jusqu'au bout de la dernière nuit et à arriver épuisé le jour de sa présentation. La croyance « Je dois être le meilleur ou rien » est spécialisée dans la fabrication de malentendus sur l'objectif. Comment s'y prend-elle ? Elle suscite de très grandes attentes vis-à-vis de soi-même, qui se traduisent par l'équation : réussite = prouesse. Or la prouesse relève de l'accident. Par nature, elle n'est pas reproductible – autrement, ce ne serait pas une prouesse. La personne qui a peur de réussir croit devoir faire la preuve de sa réussite... par une succession d'exploits. Elle s'inflige alors une pression telle qu'elle se sent incapable tantôt de commencer, tantôt de tenir sur la longueur. Quand elle sort de la procrastination, elle travaille énormément pour être la meilleure, mais craint de ne pas être absolument parfaite. De peur de ne pas être à la hauteur, elle abandonne au dernier moment.
Stéphanie, 45 ans, est une pétillante biologiste, responsable au sein d'un laboratoire. Voilà deux ans que son chef lui propose une évolution au sein du département recherche du laboratoire, domaine qui la passionne. Stéphanie rêve d'accepter ce poste, mais ne se sent « pas encore prête ». Elle s'oblige à parfaire encore et encore ses connaissances dans ce secteur à forte technicité. Six mois plus tard, elle ne s'est toujours pas décidée, s'ennuie dans son job, s'épuise, commence à déprimer. Enfermée dans une rêverie stérile, elle a renoncé à s'engager dans un poste pourtant fait pour elle.

La peur de réussir

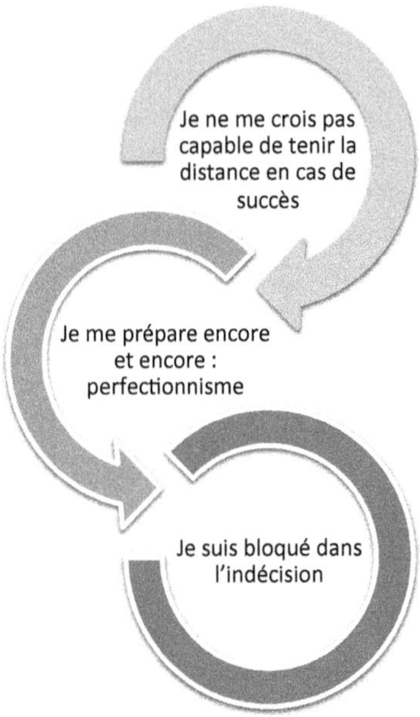

Nos tentatives répétées de contrôler la difficulté nous conduisent souvent à l'éviter. Évitement qui finit par alimenter une image appauvrie de nous-mêmes, comme : « Je ne suis pas à la hauteur. » Comprendre intellectuellement ce mécanisme ne suffit pas et ne nous aide pas vraiment. Assouplir nos perceptions et donc notre vision de nous-mêmes en relation avec le monde représente un premier pas vers une plus grande autonomie, c'est-à-dire « l'intégration en soi-même de la loi du genre humain », qui est de construire sans cesse des relations avec son environnement.

QUESTIONNEZ-VOUS...

Votre peur de réussir a des choses à vous dire
Si vous ressentez parfois la peur de réussir, vous pouvez vous demander :
- **À quoi votre peur dit-elle non ?**

• Non à quelle norme de performance ? Non à quelle obligation de compétitivité ?
• À quoi dit-elle oui ?
• Oui à la simplicité ? À la bonne volonté ? À la créativité, l'indulgence ?
• À quelles autres aspirations ?

• La peur d'échouer

La peur de l'échec se décline en complexe d'infériorité, état de découragement, incapacité à entreprendre ou à s'assumer, tendance à se comparer défavorablement aux autres et à se sentir impuissant. Ces états se traduisent par l'évitement de l'action. L'évitement nourrit des sentiments d'échec, alors que quand l'on dit manquer de confiance en soi, c'est justement l'échec que l'on redoute et que l'on souhaite éviter au maximum.

Cette peur est parfois liée à l'anticipation des conséquences de l'échec en termes de condamnation et de rejet... de la part des autres, mais aussi de soi-même. Toujours ce fameux désaccordage ! De peur d'être exclu, on se rend « transparent ». La personne se fait passe-muraille. Rétive aux changements, aux idées nouvelles, elle évite de prendre des risques, et peut même donner une impression de léthargie.

Jérôme est un chef comptable reconnu et très compétent de 39 ans. Dans le service depuis deux ans, il a d'abord eu un peu de mal à s'intégrer. Aujourd'hui, il est reconnu dans sa spécialité. C'est souvent à lui qu'on fait appel pour interpréter les textes fiscaux un peu délicats. Il a confiance en lui pour mener à bien les tâches, même pointues, qui lui sont familières. Pourtant, c'est dommage, regrette son DRH : il pourrait déjà devenir adjoint du directeur financier, ou prendre en charge un deuxième service. Il a toutes les capacités pour le faire. Mais quand il s'agit de prendre l'initiative pour aller au-delà de ses attributions actuelles, il a du mal à se saisir des sujets. Il dit qu'il ne veut pas se hausser du col vis-à-vis des autres départements de la finance.

Pour se protéger, Jérôme se cantonne à ce qui lui est familier. En cas d'échec dans un nouveau service, le risque est trop grand, dit-il, de perdre l'estime chèrement acquise de ses collègues... Et de mettre en danger son estime de lui-même.

La peur d'échouer

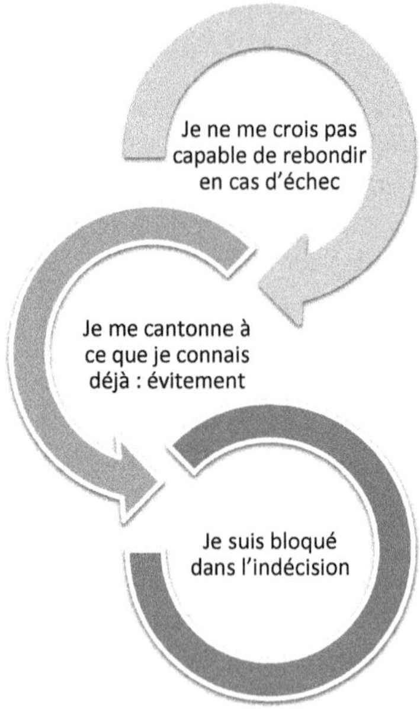

Quand nous sommes en proie à la peur d'échouer, la répétition nous sécurise. Elle nous permet de vivre dans un univers cyclique, dans lequel nous avons bien notre place. Vu de l'extérieur, ce retrait, considéré comme de la paresse, n'est pas compris. C'est pourtant le meilleur moyen que l'on trouve parfois pour conserver, dans un contexte qui nous insécurise encore, une estime de soi suffisante. Jérôme craint tant d'être rejeté par ses collègues en cas d'erreur qu'il n'imagine même pas tout ce qu'il pourrait apprendre de ses éventuels échecs et de sa nouvelle équipe.

QUESTIONNEZ-VOUS...

Votre peur d'échouer a des choses à vous dire
Si vous ressentez parfois la peur de réussir, vous pouvez vous demander :

- À quoi votre peur dit-elle non ?
  - Non à des relations basées sur le paraître ? Non au qu'en-dira-t-on ?
- À quoi dit-elle oui ?
  - Oui à des liens de confiance ? Oui à un sentiment de sécurité qui dédramatise l'erreur ?
  - Oui à la permission d'essayer et d'apprendre ? Oui à l'entraide entre collègues ?
  - Autre aspiration ?

Réalité acceptée : la porte de la confiance

Contenons nos émotions. Non pas au sens de les réprimer, mais au sens d'en être pleinement le contenant. Considérer nos émotions, c'est prendre le temps de reconnaître ce qui se passe en nous, et devenir capable de décider de ce que l'on va faire pour répondre au besoin ou à la valeur qu'exprime cette émotion. Contenir ses émotions, les laisser se dérouler permet de devenir plus libre vis-à-vis de soi-même.

En effet, maîtriser n'est pas réprimer. Si, pour se sentir fort, on refuse le message que nous donne l'émotion, cette pseudo-maîtrise devient une toute-puissance trompeuse. Au lieu de nous aider à dépasser nos limites, on les nie... sans les faire disparaître, bien au contraire. Plus on les nie, plus elles prendront de l'ampleur, jusqu'à revenir se faire entendre encore plus fort s'il le faut. La négation de nos besoins nous amène à nous couper de nous-mêmes (rupture de confiance en soi) et, par ricochet, à nous méfier des autres.

Chaque fois que nous consentons à nous arrêter sur ce qui est important pour nous, que ce soit dans les grands axes de la vie comme dans les petits détails du quotidien, nous consolidons la relation de confiance vis-à-vis de nous-mêmes, des autres, et de nos actions.

Le manque de confiance en soi n'est pas le vrai problème. Ce qui nous fait souffrir, c'est le manque de lien : à soi, au monde, et aux autres. Garder le lien avec soi-même, c'est accepter notre émotion comme un phénomène qui existe : accepter n'est pas nécessairement apprécier, mais inclure, prendre acte de ce qui est, adhérer au réel, simplement admettre : « Ça existe. »
Accepter l'existence de ma peur me permettra d'agir en direction de ma sécurité. De même, accepter la présence de la colère en moi me permettra d'agir en direction de la justice.

Réalité acceptée : cercle de confiance

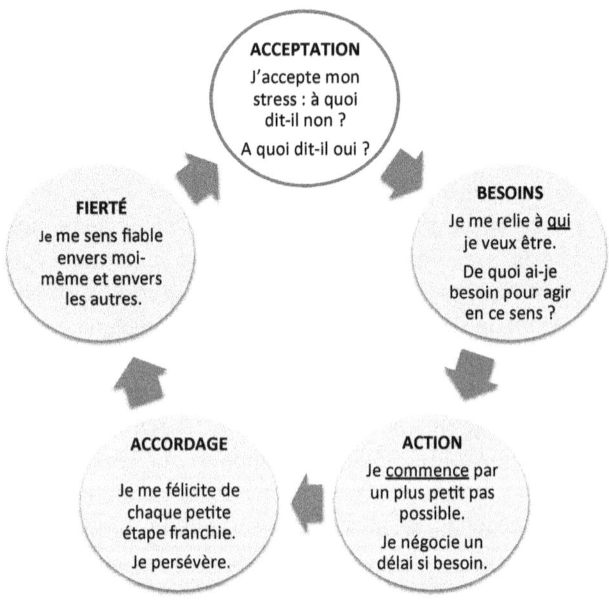

Pour apprivoiser nos peurs, il est important de faire la différence entre les difficultés que nous pouvons contourner, les problèmes sur lesquels nous pouvons changer de regard, et les limitations auxquelles nous devons nous adapter.

• **Limitation, difficulté ou problème ?**

Nous pouvons aussi apprendre à qualifier la situation qui nous empêche d'avancer. Faire la différence entre ce qui relève d'une difficulté, d'un problème et d'une limitation, c'est saisir les frontières entre ce qui est possible et ce qui ne l'est pas, et nous permet de faire de vrais choix pour aller vers ce qu'il nous est possible de faire.

TÉMOIGNAGE

L'exemple d'Olivia
Ingénieure grands comptes chez un fabricant de climatiseurs, Olivia vient me voir parce qu'elle se sent déprimée. Il y a un an, ses deux collaborateurs qu'elle apprécie énormément ont été mutés à Singapour. Depuis leur départ, plus rien n'est pareil. Professionnelle investie, elle arrive de plus en plus souvent en retard, s'ennuie et se sent sans énergie au travail. À son tour, elle a maintenant la possibilité de s'expatrier. Cela la tente, seulement, me dit-elle : « *Je manque de confiance en moi pour sauter le pas.* »
Olivia est une jeune femme célibataire ; sur le plan purement logistique, un départ est facile à envisager. Au cours de notre entretien, Olivia évoque ses passions et son engagement auprès d'une association de pilotes aveugles (oui !) qui occupe une grande place dans sa vie, fruit d'une histoire familiale pleine de significations pour elle : « *En fait, je ne veux pas quitter tout cela. Cette opportunité d'expatriation n'a finalement pas tellement de sens pour moi, sinon pour la possibilité qu'elle m'offrirait de continuer à travailler avec mes deux collègues. Mais est-ce que ça vaut la peine d'abandonner tout ce que je construis ici ? Je ne le crois pas.* »
Son manque d'énergie et ses hésitations à s'expatrier n'avaient pas grand-chose à voir avec un manque de confiance en elle, mais plutôt avec la difficulté à accepter un fait indépassable : le départ de ses collègues. Face à cette limitation, il lui manquait de s'y adapter : en prendre acte d'abord, accepter l'émotion qu'elle réprimait depuis un an, apprendre à « faire avec » ce départ, pour enfin faire un choix qui corresponde à la personne qu'elle veut être.

• **Différencier limitation, difficulté, problème**

		Que faire ?
Limitation : Un fait indépassable « *Il y a des choses de la vie, des choses de soi-même, que l'on ne peut ni vendre, ni remodeler, ni jeter, ni réparer : il faut simplement faire avec* » (O. Abel).	Mes deux collègues préférés ont quitté le service.	Accepter les faits : en prendre acte (ce qui n'est pas approuver). M'adapter au mieux.
Difficulté : Ce que l'on ressent comme difficile. Exemple : un obstacle ponctuel. « *J'ai toujours eu pour philosophie de croire que les difficultés de la vie s'évanouissent quand on les affronte hardiment* » (I. Asimov).	Je m'ennuie au travail.	Surmonter la difficulté : explorer les moyens d'y faire face. M'informer, mettre en place des solutions.
Problème : Une impasse durable, une question à résoudre. « *Ce qui fait d'un problème un problème, c'est de contenir une contradiction* » (José Ortega y Gasset)	Je rumine : « Rien ne sera plus comme avant. » Je lutte contre ma tristesse et je commence à déprimer.	Changer mon regard sur le problème : l'accepter, le contourner, le voir différemment. Le « recadrer » : changer… ma relation au problème.

Quand nous avons du mal à faire face à une limitation, c'est-à-dire à quelque chose que nous ne pouvons pas changer, la situation peut devenir difficile (source de difficulté). Si cette difficulté s'installe, elle peut finir par nous poser un problème. À force de réprimer sa tristesse pour rester forte, Olivia a commencé à s'affaiblir et à déprimer. Quand on est débordé par ses émotions, on sait bien ce qu'on ne veut pas, mais beaucoup moins clairement ce qu'on voudrait à la place. On réagit automatiquement à ce que l'on éprouve, au risque d'avoir des comportements inadéquats, voire destructeurs, qui peuvent nous éloigner de celui ou celle que l'on veut être. Pourtant, toute réaction de résistance au problème peut être considérée comme un hommage, maladroit et inefficace peut-être, mais un hommage tout de même, que la personne rend aux valeurs importantes pour elle. Pour Olivia, il s'agissait de l'amitié et de la coopération avec ses collègues. La présence d'un problème (ses ruminations, sa déprime) peut être vue comme une tentative de rester fidèle à ce qui a de la valeur dans nos vies, mais une tentative qui, paradoxalement, finit par nous éloigner de ce que nous recherchons : en déprimant et en s'isolant, Olivia s'éloignait de ces valeurs d'amitié et de coopération. Quand elle a accepté de ressentir l'émotion liée au départ ses collègues, elle s'est réaccordée à elle-même. Retrouver confiance dans leur lien d'amitié lui a redonné confiance en elle. Alors seulement, elle a pu réaffirmer son attachement aux activités qui font sens pour elle.

Ce n'est qu'en acquiesçant à la situation, en reconnaissant nos valeurs et en acceptant qui l'on est, que l'on peut redevenir acteur de notre vie.

Déjouer les définitions étroites de nous-mêmes

Que dois-je faire, ou qui veux-je être ?

Nos valeurs orientent nos choix et nous poussent à agir de telle ou telle façon. C'est ainsi que nous devenons jour après jour la personne que nous sommes. Les valeurs qui nous poussent à agir ne relèvent ni du besoin, ni du devoir, mais sont source de motivation. Elles sont si importantes pour nous que nous nous sentons profondément mal quand nous sommes témoins de comportements qui ne les respectent pas. À l'inverse, quand nous agissons en lien avec ce qui est important pour nous, nous nous sentons à notre place, pleins d'énergie, et nous pouvons prendre les choses avec plus d'implication et de légèreté, ce qui favorise la communication entre le corps et la volonté. Nous relier à nos valeurs nous permet d'être spontanés, d'accéder à nos compétences, de prendre des initiatives en lien avec nos intentions et d'être créatifs.

Joëlle, artiste céramiste dans un village d'Île-de-France, vivotait de rares commandes. Après s'être interrogée sur ce qu'elle aimait vraiment faire dans sa vie et sur les moments où elle se sentait pleinement elle-même, elle décida de se lancer dans des cours de poterie et de transformer sa maison en une maison d'hôtes pleine de charme avec espace d'exposition. Après deux années de tâtonnements, ses productions, exposées à côté de celles de ses élèves, trouvent aujourd'hui de nombreux amateurs. Joëlle a fait preuve de créativité :

- en commençant à agir avec les moyens du bord et en se libérant peu à peu de la croyance bien ancrée que « dans la vie, seule l'action forcenée peut porter des fruits » ;
- en renonçant à plaire à tous ses visiteurs. Elle a par exemple accepté le fait que, peut-être, certains pourraient trouver l'atelier « un peu trop rustique ». Au lieu de cela, elle a accepté de proposer un cadre original ;
- en se détachant du résultat. Joëlle a eu l'audace de commencer à parler de ses cours de céramique et à enregistrer des inscriptions sans savoir exactement ce que cela allait donner. Elle a fait confiance à ses stagiaires pour l'aider à améliorer ce qui pouvait l'être.

QUESTIONNEZ-VOUS...

Comment se relier à ses valeurs ?
Pensez à une personne qui vous inspire, que vous respectez et admirez. Ce peut être quelqu'un que vous connaissez personnellement ou de réputation, un personnage réel ou fictif (personnage historique, auteur, musicien, personnage du cinéma ou de la littérature). Notez les valeurs qui vous inspirent le plus chez cette personne.
Quand nous valorisons une valeur chez quelqu'un, c'est que nous la possédons nous-mêmes. Parfois, nous avons pleinement développé les qualités en lien avec cette valeur, parfois pas encore, mais elles sont déjà à l'œuvre en inspirant nos intentions. Les valeurs que vous admirez chez la personne que vous avez choisie sont aussi celles que vous êtes en train de développer.
De quelle façon pourriez-vous les mettre en œuvre pour vous sentir pleinement vous-même ?

Et si nous étions plus souvent la personne que nous avons envie de devenir ? Comment passer de : « *Que* dois-je faire ? » à : « *Qui* veux-je être ? Quel manager, quel père, quelle mère, quel étudiant ou étudiante ? Comment vois-je mon rôle en tant que membre d'une équipe, en tant qu'ami, époux, responsable ? » Ces choix existentiels deviennent opérants dans la mesure où ils se manifestent de façon ponctuelle dans des choix, et de façon répétée dans des expériences concrètes, jusqu'à se traduire en habitudes.
En entretien, les valeurs se découvrent d'elles-mêmes au fil des conversations. Issues de l'expérience singulière de chaque personne, elles tissent un lien solide entre l'identité, l'action et la relation autres. Dans le cadre d'un ouvrage, nous ne pouvons pas échanger. Je vous propose donc cet exercice.

Exercice pour découvrir ses valeurs

Voici une liste de valeurs. Laissez aller votre intuition et sélectionnez une bonne dizaine de valeurs, celles qui vous inspirent le plus. Si besoin, ajoutez à cette liste celles de vos valeurs qui n'y figurent pas.
Action. Amitié. Amour. Apprentissage. Authenticité. Aventure. Beauté. Bonté. Compassion. Connaissance de soi. Coopération. Courage. Créativité. Curiosité. Découverte. Dépassement de soi. Détermination. Dévouement. Discipline. Éducation. Efficacité. Égalité. Enthousiasme. Entraide. Équilibre. Esprit d'équipe. Excellence. Famille. Fidélité. Force. Générosité. Honnêteté. Honneur. Humanité. Humilité. Humour. Indépendance. Innovation. Intégrité. Joie. Justice. Liberté. Rigueur. Maîtrise de soi. Maturité. Optimisme. Originalité. Ouverture d'esprit. Paix. Partage. Patience. Performance. Persévérance. Plaisir. Présence. Professionnalisme. Prudence. Réalisme. Respect. Responsabilité. Rigueur. Sagesse. Santé. Sensibilité. Service. Simplicité. Sincérité. Sociabilité. Stabilité. Tolérance. Transmission. Universalité. Utilité. Vérité.

Une fois que vous avez votre liste de valeurs préférées, nous allons différencier les « valeurs-besoin », qui vous sont nécessaires pour vous sentir bien dans un environnement donné, et les

« valeurs-moteur », qui vous remplissent d'énergie et au service desquelles vous seriez prêt à vous démener. Personnellement, j'ai besoin de la valeur « humour » pour me sentir bien quelque part (valeur-besoin), mais je ne suis pas une militante de l'humour. En revanche, je suis prête à consacrer beaucoup d'énergie au service de la valeur transmission (valeur-moteur).

Regardez vos valeurs-moteur et inscrivez en face de chacune d'elles ce que vous avez déjà fait ou aimeriez faire pour incarner cette valeur dans votre vie. Plus vous prenez conscience de la façon dont vous incarnez vos valeurs au jour le jour, plus vous vous rapprochez de ce qui est précieux pour vous. Vous construisez ainsi une juste et solide estime de vous-même.

Viktor Frankl décrit dans son livre *Search for Meaning*[1] comment il a découvert l'importance du sens donné à nos actions : médecin juif, déporté dans un camp de concentration et seul survivant de sa famille, c'est le fait de trouver un sens dans la manière d'affronter cette épreuve qui lui a permis de survivre. *A contrario*, aussi costauds soient-ils physiquement, les malheureux qui en perdaient le sens perdaient aussi rapidement la vie. Pour Frankl, l'expérience du sens est indissociable de la notion de valeur : la vie est pleinement vécue à partir du moment où elle est le lieu de l'affirmation de nos valeurs. Sa tragique expérience des camps l'a convaincu qu'on peut tout enlever à un homme, à l'exception de la dernière des libertés humaines : celle de décider de son attitude et de sa dignité face au destin, quelles que soient les circonstances. Il distingue ainsi trois types de valeurs créatrices de sens, où chacun d'entre nous peut puiser ses ressources :

- les valeurs d'expérience : ce que j'apprends et reçois du monde ;
- les valeurs de création : ma contribution au monde, ce que j'apporte aux autres ;
- les valeurs d'attitude : le sens que je donne aux événements que je vis.

---

1. Viktor Frankl, *Trouver un sens à sa vie avec la logothérapie*. Il y raconte son expérience de prisonnier en camp de concentration. Ses livres ont été traduits en 32 langues.

Nous avons parfois le sentiment de perdre confiance en nous au moment de prendre des décisions difficiles qui s'apparentent à des cas de conscience. Dans ces moments-là, nous aligner sur nos valeurs nous permet de retrouver confiance dans la justesse de nos choix.

TÉMOIGNAGE

Apprendre à préciser des choix existentiels : Johanna
Dès la sortie de mon école de commerce, il y a un an, j'ai été embauchée par un employeur qui m'a prise sous son aile et m'a formée alors que je n'avais aucune expérience. Aujourd'hui, j'occupe mon poste de façon complètement autonome.
Mais voilà que j'ai été contactée par un cabinet de recrutement qui souhaite me rencontrer. Il recherche une personne pour le même poste que celui que j'occupe actuellement. Depuis hier, j'envisage la possibilité d'une démission, car l'entreprise qui cherche à me recruter est une très grosse boîte, avec des perspectives d'évolution à la clé, ce que je ne pourrais espérer de mon employeur actuel. De plus, c'est l'occasion de négocier une revalorisation de mon salaire... Seulement voilà, je ne me vois pas du tout annoncer une telle nouvelle à mon patron. Je sais qu'il serait extrêmement déçu de me voir partir. Surtout, je n'oublie pas que c'est lui qui m'a donné ma chance, alors que je n'avais aucune expérience, il m'a formée et, à peine opérationnelle, je cherche déjà à m'en aller... Je ne sais plus quoi faire, j'ai peur des conséquences morales de mon départ éventuel.

Au fil de l'entretien, au-delà des questions qui l'assaillent, Johanna se montre décidée à se rendre à cet entretien et à accepter une offre éventuellement plus intéressante. Sous ce seul aspect, son choix serait facile à faire. Il s'agirait d'ailleurs plus d'un calcul que d'un choix, dans la mesure où il lui suffirait de mettre en balance les avantages respectifs de son employeur actuel et de cet employeur potentiel : salaires, responsabilités, perspectives d'évolution, tout cela est assez mesurable.
La difficulté ne réside pas dans le choix lui-même, mais dans la prise en compte de ses effets : « *En fait, j'ai peur des conséquences de mon départ éventuel, d'un point de vue moral.* » Pour alléchante qu'elle soit, toute décision comporte inévitablement des effets indésirables. Quand elles sont d'ordre pratique, logistique ou autre,

elles appellent une réponse pratique. Mais dans certains cas, elles prennent une dimension émotionnelle, voire existentielle, qui la rend plus complexe. Au-delà de la tristesse à l'idée de quitter un travail, un patron et une équipe à qui elle est attachée, Johanna a peur de trahir sa valeur de loyauté, de perdre l'estime de son patron, et d'abîmer l'image qu'elle se fait d'elle-même : une collaboratrice honnête.

Pour rester elle-même, Johanna a pris en compte deux ambitions légitimes : la volonté de progresser professionnellement dans un environnement porteur de perspectives, et celle d'être fidèle à ses valeurs de loyauté, de fiabilité et d'authenticité. Elle a finalement résolu son cas de conscience en décidant d'aller voir son patron pour lui exposer les propositions qu'on lui a faites, et pour lui demander directement : « Selon vous, ai-je raison ou tort d'hésiter ? »

À chaque fois que je me rapproche de la personne que je veux être, je reviens à moi et je consolide mon estime et ma confiance envers moi-même.

Quand quelqu'un nous demande : « Que faites-vous dans la vie ? », au lieu de répondre par des verbes d'action, nous répondons souvent dans un registre identitaire : « Je suis éducateur, je suis directrice commerciale, je suis entrepreneur dans le bâtiment. » Cette habitude nous permet de nous situer ou de situer notre interlocuteur dans le groupe des éducateurs, des commerciaux, des entrepreneurs... Elle indique à quel point nos actions quotidiennes dessinent notre identité, et à quel point toute identité est nécessairement sociale et relationnelle. C'est un fait que nous sommes d'abord reconnus pour ce que nous faisons dans la vie. Comme le souligne le philosophe Axel Honneth, c'est parce que le travail nourrit notre identité que nous sommes prêts à nous mobiliser pour l'accomplir, parfois au prix de rudes efforts. D'où, parfois, l'amertume de personnes – demandeurs d'emploi, mères de famille, auxiliaires familiaux – dont l'activité quotidienne est réelle, souvent intense, mais dont le travail ne reçoit pas ou peu de reconnaissance sociale.

C'est par l'attention à nous-mêmes, aux autres, mais aussi en s'impliquant dans nos actions, même les plus anodines, que se développent l'estime de soi et la conscience d'être une personne à la fois unique et interdépendante, partie prenante d'un réseau, qu'il soit familial, professionnel ou associatif. Nous pouvons dès lors trouver le courage de nous lancer et de persévérer dans une action sans en connaître l'issue, et envisager l'éventualité de faillir sans relier cette possibilité au risque de perdre notre valeur. Même en cas d'erreur, voire d'échec, nous savons garder ce que nous avons appris de cette expérience et savons surtout que nous resterons une personne unique et précieuse.

Certains d'entre vous ont peut-être déjà remarqué à quel point des événements ou des enjeux en apparence dérisoires comme certains conflits de voisinage, d'héritage, certaines querelles dans le métro, peuvent provoquer des conflits intenses. Que nous le subissions ou que nous en prenions l'initiative, nous nommons rarement les comportements à l'origine du conflit. Non, nous pointons la personne elle-même. Spontanément, nous allons plutôt blâmer, à voix haute ou à voix basse, l'identité elle-même : « Quel *idiot* », « *Femme* au volant... », « Pour *qui* me prend-il ? »...

Un regard positif : l'impact des recadrages

Nous agissons de la même manière avec nous-mêmes. À partir d'un comportement, nous déduisons une étiquette, à laquelle vient s'associer une émotion. Pour M. White, le sentiment qu'ont les gens d'être en échec provient souvent des efforts qu'ils font pour se conformer à une norme qui ne leur convient pas, mais à laquelle ils s'efforcent de correspondre dans l'espoir de se sentir enfin eux-mêmes. Dans cet oubli de nos propres valeurs, vient se loger notre sentiment d'échec : sentiment de ne pas être à la hauteur, de manquer de confiance en soi, etc. Le seul fait d'expérimenter la honte ou la culpabilité dans une situation donnée met en évidence la discordance entre les événements en question d'une part, certaines de nos valeurs correspondant à notre identité préférée d'autre part.

Notre manque de confiance en nous manifeste que nous résistons à cette histoire dominante d'échec : ce que nous appelons « manque de confiance en moi » peut être apprécié comme un

signe de résistance aux valeurs d'autocontrôle véhiculées par la culture dans laquelle nous baignons. Quand je résiste, je témoigne de la vie qui est là, en lien avec mes valeurs personnelles. Quand nos manques de confiance en nous ne correspondent pas à une difficulté ponctuelle, mais plutôt à un problème durable, ils nous invitent à un recadrage, c'est-à-dire à un changement de regard sur nous-mêmes et sur le monde.
Voici quelques exemples, issus de ma pratique d'accompagnement, qui sont autant de variantes des manques de confiance en soi.

Un regard positif : l'impact des recadrages

		Exemples de recadrage en lien avec mon intention
Relation au monde Comportement	Antoine : Je ne prends pas assez la parole en réunion.	Je réfléchis à ce que je veux dire.
Croyance Étiquette	Je suis inférieur aux autres.	J'ai une vie intérieure importante. Je suis digne de confiance. Mes actes parlent pour moi.
Émotion et valeur associées	Je ressens de la peur.	Je m'accepte comme je suis. J'ai de l'estime pour mon honnêteté. J'aime écouter les autres.
Conclusion générale	En lien avec l'histoire étroite : Je suis un dégonflé.	Nouvelle conclusion en lien avec l'histoire riche : Je suis quelqu'un de bien.
Effet	Désaccord avec soi. Passivité.	Acceptation de soi. Apaisement.

		Exemples de recadrage en lien avec mon intention
Relation au monde Comportement	Florence : Je devrais traiter plus de dossiers, plus vite.	Je mets de l'énergie à approfondir.
Croyance/ Étiquette	Je ne suis pas à la hauteur.	Je prends les choses à cœur. Mieux vaut la qualité à la quantité. Il y a toujours une meilleure manière de faire.
Émotion et valeur associées	Je ressens de la colère et de la frustration, que je retourne contre moi.	Je m'accepte comme je suis. J'ai de l'estime pour mon ingéniosité. J'aime prendre le temps nécessaire.
Conclusion générale	En lien avec l'histoire étroite : Je suis paresseuse.	Nouvelle conclusion en lien avec l'histoire riche : Je suis quelqu'un de bien.
Effet	Désaccord avec soi. Culpabilité.	Acceptation de soi. Motivation.

		Exemples de recadrage en lien avec mon intention
Relation au monde Comportement	Dominique : Je fais preuve d'indécision. J'ai souvent du mal à trancher.	Je perçois bien les inconvénients.
Croyance/ Étiquette	Je suis un *faible*.	Je fais preuve d'ouverture d'esprit. Je suis très attentif aux conséquences. Je considère les choses avec recul. Je suis prudent.
Émotion et valeur associées	Je ressens de la tristesse et de la honte.	Je m'accepte comme je suis. J'ai de l'estime pour mon intégrité. J'aime favoriser la coopération. J'aime faire preuve de justice.
Conclusion générale	En lien avec l'histoire étroite : Je ne suis nulle part à ma place.	Nouvelle conclusion en lien avec l'histoire riche. Je suis quelqu'un de bien.
Effet	Désaccord avec soi. Abattement.	Acceptation de soi. Coopération.

Au moment où j'ai commencé à travailler avec ces trois stagiaires, ils avaient déjà fait beaucoup d'efforts pour correspondre davantage ce qu'exige la société de la norme et de la performance : se sentir plus adéquats, améliorer leurs techniques d'assertivité, leur motivation et leur confiance en soi. Ces activités centrées sur leurs histoires étroites d'insuffisance ne leur avaient pas permis de se relier à des expériences passées plus riches et porteuses d'une identité proche de ce qu'ils voulaient être. Plutôt que de rester passifs, ils ont souhaité changer leur relation au problème.

En prenant le temps de donner du sens à leurs émotions, de les relier à leurs valeurs, à leurs espoirs et à leurs principes de vie, leurs découvertes les ont déculpabilisés et leur ont redonné un esprit d'initiative. On leur avait par exemple suggéré de répéter des listes toutes faites d'« affirmations positives ». La répétition elle-même n'avait pas eu d'effet spectaculaire. Chez Antoine, plus anxieux, elle a même accentué le malaise – ce qui est somme toute assez logique. Demandez à un grimpeur en détresse de « lâcher prise » et de répéter « je ne crains rien » ! Les affirmations positives sont plus bénéfiques si la personne : 1) les a formulées elle-même et 2) a une bonne sécurité de base. Autrement, elles l'invitent à lâcher ce qui la protège ! Nos croyances, même devenues limitantes et inadaptées, sont des filtres qui nous ont longtemps structurés en nous permettant de donner une explication plausible à la réalité qui nous entoure. On ne les lâche pas comme ça, surtout si on ne se sent pas d'abord suffisamment en sûreté.

En revanche le fait de choisir un cahier spécial, un papier un peu plus épais que d'habitude, de sélectionner les meilleures affirmations et de les écrire soigneusement, est parfois pour certains l'occasion de faire quelque chose de différent. Comme le souligne F. Kourilsky dans son livre *Du désir au plaisir de changer*, *« changer nécessite de ne pas s'opposer mais de composer. Combattre les points faibles ne favorise pas un état d'esprit propice au changement, alors qu'exploiter les talents qu'ils abritent développe la confiance en soi, accroît l'élan et le désir d'évoluer »*. Là réside le levier essentiel : se mettre en mouvement, même si c'est imperceptible.

Une jeune étudiante en décrochage, trop anxieuse pour retourner en cours, a ainsi listé un jour tout ce qu'elle voulait absolument garder d'une part, et *tout* ce qu'elle pouvait faire différemment sans rien changer à son quotidien d'autre part : reboucher son dentifrice de la main gauche, verser le lait *avant* le Ricoré dans sa tasse, respirer le parfum du lilas devant son portail en passant, marcher sur le trottoir opposé au côté habituel, prendre un itinéraire légèrement différent, dire bonjour au chauffeur de bus, ou sourire devant son miroir. Ces petites actions différentes lui ont permis d'assouplir ses croyances et de commencer tout doucement à se voir non plus comme une « *inadaptée* », mais comme une « *discrète* ». Quelques mois plus tard, elle assumait d'être une « *fille réfléchie* », et même « *avisée* ».

Notre imaginaire est peuplé d'idées fluctuantes sur nous-mêmes, qui ne sont ni vraies ni fausses. Certaines de nos croyances érigées en injonctions nous rapprochent de nos aspirations : « *Je suis une personne digne de respect, j'ai de la valeur, je m'en sortirai toujours, je crois qu'on peut toujours changer quelque chose.* » D'autres croyances jouent un rôle ambivalent dans nos choix, et nous conduisent à une confusion identitaire. Elles sont conformes à des idées reçues, à ce que nous croyons nécessaire pour « réussir », mais nous éloignent de ce à quoi nous accordons de la valeur dans nos vies et de ce qui est important pour nous. En ce sens, le manque de confiance en soi est, en partie, une interprétation que nous faisons à partir de ceux de nos actes auxquels nous prêtons attention. Nous pouvons déplacer (recadrer) légèrement cette interprétation pour repérer une interprétation nouvelle et plus proche de la personne que nous voulons être.

1. Écoutez votre intuition et faites une liste de tout ce que vous vous dites à propos de vous-même : « Je suis…, je suis…, je suis…, je considère que… »
2. À côté de chacun de ces « Je suis », inscrivez votre note, de 0 (cela ne me convient pas du tout d'être défini comme ça : croyance plombante) à 10 (cela me convient très bien d'être défini comme ça : croyance aidante).
3. Concernant les croyances qui ne vous conviennent pas, cherchez l'intention sous-jacente au comportement qui en est à l'origine. Que pourriez-vous vous dire de différent, qui soit plus proche de la personne que vous voulez être ?

Quelques exemples

	Recadrages : ce que l'on peut se dire de différent
Regard de plomb Croyance limitante	Regard de coopération Croyance aidante
Je suis défaitiste.	Je reconnais les problèmes et j'aimerais les résoudre. Je me fais du souci s'il y a du changement. Je voudrais me sentir en sécurité.
Je suis renfermé.	Je réfléchis longtemps à ce que je veux dire. Je protège mon intimité. Je ne veux pas déranger les autres. Je leur laisse beaucoup de liberté. Je m'occupe bien tout seul.
Je suis fainéant.	Je sais me détendre. J'accepte ce que les autres font pour moi. J'apprécie l'instant. Je ne me laisse pas stresser.
Je suis négatif. J'en ai marre de tout.	J'ai de la profondeur d'esprit. Je suis lucide sur les inconvénients de la vie. J'ai de grandes attentes au sujet de ma vie (je peux les nommer). Je suis prévoyant, je prends les choses au sérieux.
Je fais plein d'erreurs. Je suis bête.	Que vais-je pouvoir apprendre de cette expérience ? Je ne suis pas bête, je suis parfois stressé. Quand je me sens bien, mon intelligence se déploie naturellement. De quoi ai-je besoin pour me sentir bien ?
Les autres sont plus intelligents que moi.	Comment les autres font-ils précisément pour réussir ? Il y a plusieurs formes d'intelligence et chacune a sa valeur. Qu'est-ce que je choisis de faire aujourd'hui pour que les autres bénéficient de ma propre forme d'intelligence ?

Je n'y arriverai jamais parce que...	Pour le moment, je n'y suis pas encore arrivé. Pour y arriver, j'avance pas à pas en utilisant des façons de faire que je maîtrise déjà. Éventuellement, je m'amuse à expérimenter de tout petits changements.
Plus je fais d'efforts, plus ça aura de valeur.	Plus je fais à ma façon, plus je suis créatif, plus ce sera unique et plus ça aura de la valeur.
Pour avoir confiance en moi, il faudrait que je réussisse à être comme tout le monde.	Quand je m'accepte comme je suis avec mes forces et mes limites, je me fais naturellement confiance pour faire face... ou pour apprendre si besoin.

Illusion d'incompétence et résignation apprise

Les études ont montré qu'un sujet est victime d'une illusion d'incompétence lorsqu'il estime ne pas pouvoir contrôler la situation au présent comme au futur. Fabien Fenouillet, spécialiste de la motivation, montre que cette résignation induit une passivité face aux événements qui peuvent advenir. À compétence intellectuelle comparable, les sujets résignés présentent un retard dans l'initiative de leurs réponses, dans leur temps de réponse, des performances amoindries. Ils sont plus frustrés, dépressifs, plus fâchés et moins amicaux.

Certains de nos comportements qui manifestent le désaccordage et le manque de confiance sont parfois liés à un phénomène d'impuissance apprise.

- Après plusieurs expériences difficiles, je suis paralysé par l'angoisse des semaines à l'avance à l'idée d'une présentation orale, d'une réunion où je suis censé prendre la parole.
- J'ai un projet personnel, professionnel, mais je n'ose pas me lancer.
- J'attribue au hasard, aux autres et au contexte mes réussites.
- Je suis emprisonné depuis longtemps dans des schémas d'autosabotage.

Quand nous éprouvons des sentiments d'insécurité, de fragilité, de menace, l'autodépréciation parvient à nous convaincre que nous ne nous serons pas à la hauteur de ce qui nous est demandé.

Il arrive que des échecs répétés, dont on n'a pas pu tirer les enseignements utiles, viennent renforcer des croyances limitantes d'incompétence et affecter de façon durable la relation au monde en modifiant nos comportements face à l'action. L'équipe de D. Seligman, un psychiatre américain, a été la première à s'intéresser à ce mécanisme.

Quand une personne a perdu confiance dans sa capacité à être efficace, elle a le sentiment de ne plus avoir aucun contrôle sur les conséquences de ses actions, et de ne pas pouvoir compter sur les résultats de ses efforts ou sur l'issue de ses actions. On parle alors de résignation ou d'impuissance apprise, un phénomène qui vient polluer à la fois les capacités d'initiative, de réflexion et d'apprentissage, engendre frustration et agressivité, comme on peut l'observer chez certains élèves en décrochage scolaire. L'échec, faute d'être un terrain d'apprentissage, a gravement menacé l'estime de soi du sujet. Celui-ci va donc désormais minimiser son investissement dans les tâches suivantes. Cela le conduit à devenir de moins en moins performants, mais c'est le seul moyen qu'il a trouvé pour ménager une estime de soi déjà bien fragilisée. L'impuissance apprise est fortement corrélée à un faible sentiment d'efficacité personnelle (Bandura) qui peut conduire certains, par une sorte de fatalisme, à rejeter toute forme d'activité potentiellement coûteuse en termes d'efforts, mais dont ils n'anticipent plus aucune gratification. À force de s'imposer des objectifs irréalistes, on s'expose parfois à l'illusion d'incompétence. Que faire alors ?

• Explorer l'influence des valeurs, des normes, mais aussi des pensées automatiques et des croyances limitantes qui favorisent ce phénomène.

• Multiplier les expériences de réussite et de conscience de ses actions, en commençant par se fixer des objectifs accessibles. Se fixer et atteindre de petits objectifs qui nous font plaisir, va peu à peu réparer l'estime de soi.

• Prendre l'habitude d'apprendre de nos erreurs : vous pouvez par exemple lister trois erreurs qui vous reviennent spontanément à la mémoire. Que vous ont-elles appris d'important pour vous ? Nous devenons nous-mêmes à travers les erreurs que nous faisons. J'aime beaucoup cette recommandation du Rabbi Nahman de Braslav (Ukraine, XVIIIe s. : « *Ne demande jamais ton chemin à quelqu'un qui le connaît, car tu ne pourrais pas t'égarer.* » S'égarer, ce n'est pas se perdre, c'est s'écarter momentanément du chemin. C'est avoir l'occasion de faire un pas de côté et de faire une expérience singulière en expérimentant l'imprévu.

Le sentiment d'efficacité personnelle

La théorie du sentiment d'auto-efficacité personnelle perçue a été développée par A. Bandura, chercheur en psychologie sociale. Il la décrit non comme « *une mesure des aptitudes d'une personne* », mais comme « *une croyance relative à ce qu'elle peut faire dans diverses situations, quelles que soient ses aptitudes. Des personnes différentes avec des aptitudes identiques, ou la même personne, dans des circonstances différentes, peuvent donc obtenir des performances faibles, bonnes ou extraordinaires, selon les variations de leurs croyances d'efficacité personnelle* ».

L'auto-efficacité est un médiateur important de la confiance en soi et donc de la motivation et de l'effort de l'individu. Elle est spécifique à une activité comme : « Je sais faire un tableau Excel », mais elle peut se généraliser à plusieurs activités similaires ; par exemple : « Je me sens efficace en informatique ».

Comment se forge l'auto-efficacité ? Fabien Fenouillet, chercheur spécialiste de la motivation, explique que, pour Bandura, les croyances d'efficacité personnelles sont construites à partir de quatre principales sources d'information.

• Nos expériences actives de maîtrise et, plus encore, les difficultés surmontées nourrissent le sentiment d'efficacité personnelle : l'individu qui réussit trop facilement va voir fondre son capital d'auto-efficacité aux premiers échecs. À l'inverse, une série d'échecs suivie d'une seule performance exceptionnelle peut conforter durablement le sentiment d'efficacité personnelle de l'individu.

• La reconnaissance que nous recevons et que nous nous donnons : souligner nos capacités personnelles nourrit le sentiment d'efficacité.

• Nos états émotionnels nous renseignent sur notre niveau de stress : nous interprétons nos battements cardiaques, nos efforts et notre fatigue différemment en fonction de notre sentiment d'auto-efficacité : soit comme un état désagréable provoquant l'anxiété, soit comme une augmentation de l'excitation annonciatrice de la réussite future. D'après certains chercheurs[2], choisir d'interpréter notre anxiété comme une excitation nous aide à retrouver notre confiance.
• La motivation a une action sur les performances, car elle est guidée par des objectifs. Pour A. Bandura, la motivation est issue de l'attente de réussites anticipées, et des références aux modèles que se crée l'individu. La motivation est donc relancée en permanence : dès qu'un modèle est atteint, nous nous fixons des modèles plus élevés.

Croire en sa fragilité

Accepter le mouvement de la vie : adhérer à la situation

Accepter nos limites et les turbulences de la vie

Tandis que notre monde est perçu comme de plus en plus imprévisible, le contrôle sur soi-même semble l'un des seuls encore à notre portée. Ce contexte, nourri par la dictature du bonheur et de la performance, dessine le fantasme collectif d'un individu indépendant des autres, capable de contrôler sa vie, affranchi de toutes les limites et émotions « négatives ». Or, la confiance en soi n'est pas une donnée fixe, mais un phénomène relationnel et non linéaire : elle n'est jamais acquise une bonne fois pour toutes. Comme nous, elle est vivante et varie en fonction des périodes, des contextes et de nos états d'âme. La croyance selon laquelle nous devrions avoir confiance en nous partout, tout le temps (et si possible en consommant au maximum), est l'un des préceptes phares de la culture du bonheur obligatoire. C'est aussi l'un des plus sûrs ennemis de la véritable confiance, la confiance en la vie qui, elle, manifeste une

2. Alison W. Brooks, voir paragraphe suivant.

sécurité intérieure. Patrice Gourrier, prêtre et psychologue clinicien, rappelle que Les Pères du désert expliquaient qu'il fallait être « sphérique » et non anguleux pour traverser les épreuves de la vie, car la sphère roule en s'adaptant au terrain. Au contraire du contrôle, la maîtrise s'enracine dans la sécurité, la détente, l'acceptation et la confiance. Basée sur l'acceptation de la réalité présente, elle ne se fait pas dans la lutte, mais pour ainsi dire de manière « sphérique », dans le sens de la vie.

La sécurité intérieure, nous l'avons vu, passe par l'acceptation de ce qui est. Observons le monde : chaque printemps, mais aussi tout au long de l'année, la nature fourmille de petits signes de son renouvellement permanent. Il en va de même dans notre organisme. La plupart des molécules de nos cellules se renouvellent constamment. Des recherches ont montré que les cellules qui revêtent la paroi de l'intestin ne durent qu'environ cinq jours. À l'échelle de l'univers, tout serait mouvement en expansion. À l'échelle de notre vie, nous éprouvons la finitude des êtres et notre vulnérabilité à travers les difficultés, les deuils, les refus et les renoncements. Chacun cherche son autonomie et prend sa place avec ses limites et ses atouts, avec ce qu'il a reçu et ce qu'il peut donner à son tour. L'avenir par définition est « à venir » : il ne nous appartient pas. Quand nous refusons le mouvement de la vie à l'intérieur et à l'extérieur de nous-mêmes, notre résistance nous rend les choses encore plus difficiles. La confiance en soi se construit dans la présence à ce qui nous est donné : le « présent », qui est mouvement continu. Le doute succède à la certitude, le sentiment de puissance à celui d'impuissance, la souplesse à la rigidité. Des joies succèdent aux épreuves et parfois des séparations nous fragilisent douloureusement.

Nos émotions nous envoient des signaux que nous n'aimons pas toujours ressentir, mais qui nous permettent aussi – comme la tristesse – de nous relier à ce que nous avons de plus précieux. Jour après jour, elles nous enseignent, une fois surmontées, à embrasser l'existence avec un regard plus sensible, et nourrissent notre confiance, non dans la prévisibilité, mais dans la richesse de la vie. Les itinéraires et les détours que la vie nous fait prendre nous indiquent ce que nous avons à apprendre pour grandir et goûter le bonheur de vivre en confiance dans les trois dimensions de notre identité, la relation à soi, au monde et aux autres.

La confiance dans ma personne propre se développe chaque fois que j'adhère au réel : quand je me laisse porter par la confiance que cet imprévisible n'est pas une catastrophe, mais une richesse, alors je peux aussi construire ma sécurité dans l'instant présent.

Face à l'anxiété de performance par exemple, devant une tâche telle que parler en public, essayer de se calmer est inefficace. Alison W. Brooks de l'université Harvard, coauteure d'une étude publiée dans le *Journal of Experimental Psychology*, démontre que transformer l'anxiété en excitation est plus efficace. « *Quand les gens se sentent anxieux et essaient de se calmer, ils pensent à toutes les choses qui pourraient aller mal*, dit-elle. *Quand ils sont excités, ils pensent à comment les choses pourraient bien se passer.* »

Dans ses expériences, les participants qui devaient préparer un discours étaient invités à dire : « Je suis excité » ou : « Je suis calme » avant leur intervention. Les premiers ont livré un discours plus convaincant, compétent et détendu, et témoignaient aussi s'être sentis plus enthousiastes et plus confiants dans leurs capacités. « *La façon dont nous parlons de nos sentiments a une forte influence sur la façon dont nous nous sentons réellement* », conclut Alison W. Brooks. Quand l'anxiété est acceptée, il est plus facile de choisir une option différente que la panique ou le blocage : on devient capable de choisir comment y répondre. Plutôt que de lutter contre soi-même et d'essayer de se calmer pour la combattre, considérer l'anxiété comme une excitation aide à se faire confiance.

Ce qui fait que la vie est intéressante est qu'elle ne se répète pas. Chacune de nos existences apporte au monde quelque chose d'absolument inédit. La confiance dans le présent et dans l'avenir est porteuse de beaucoup d'autres formes de confiance : la confiance que j'ai dans les autres nourrit la confiance dans celle qu'ils me font, et vient conforter de façon circulaire ma propre confiance en moi. D'individu enfermé sur lui-même, exécutant interchangeable, je me découvre dans le mouvement de la vie comme un être relationnel et unique, une personne singulière capable d'initiative et d'innovation.

Nous sommes dans le mouvement de la vie chaque fois que nous croyons en notre fragilité et que nous acceptons de prendre en compte nos désirs et nos besoins, qu'ils soient corporels, émotionnels ou intellectuels ; quand nous nous sentons suffisamment à notre place pour être justes avec nous-mêmes, capables de reconnaître nos torts, mais aussi nos réussites. Quand nous trouvons la force de surmonter une déception. Quand nous faisons preuve d'humour, et non de dérision. Chaque fois que nous recevons une critique avec simplicité ou que nous acceptons un compliment. Chaque fois que nous refusons de nous faire du souci pour un motif qui n'en vaut pas la peine. Alors, nous accédons à notre imagination, nous sommes capables de penser par nous-mêmes, nous pouvons faire preuve d'enthousiasme et de créativité, et c'est le signe que la relation à nous-mêmes est vivante. Et parce que la vie n'est pas un long fleuve tranquille, nous pouvons aussi, quand la situation est difficile, douloureuse, voire qu'elle nous dépasse, accepter de ne pas avoir prise sur les événements.

Dans le processus que nous appelons la confiance en soi, qui relève de la construction de notre sentiment de sécurité, deux éléments sont toujours présents :

- les expériences : réussites, joies et difficultés que nous traversons ;
- le changement voire la transformation de nous-mêmes que nous opérons quand nous acceptons de traverser ces expériences.

L'illusion consisterait à croire que nous pourrions acquérir « confiance en soi » en évitant la vie et ses turbulences, en restant bloqués dans des mécanismes de contrôle et de survie qui nous amènent à lutter contre nos ressentis. Une autre illusion nous conduit parfois à imaginer pouvoir nous protéger des turbulences de la vie par la confiance en soi. Pourtant, même quand on est sûr de soi, on traverse les expériences de l'adversité et du doute. Bien sûr, elles ne sont pas à rechercher pour elles-mêmes, mais si nous les acceptons, nous allons de l'avant plus tranquillement qu'en les refusant. Considérons l'incertitude non comme un obstacle, mais comme une donnée de notre condition, et comme une occasion de grandir en humanité.

L'action est tellement valorisée dans nos sociétés qu'il nous est devenu difficile d'accepter de laisser les choses se dérouler sans

intervenir. Or c'est parfois la seule chose à faire, et la meilleure pour nous. Non pas démissionner, non pas nous effondrer, mais « être là », consentir à la situation sans pour autant l'approuver, et y faire face en étant simplement présent. Cette attitude peut aussi nous être utile dans la vie de tous les jours (voir tableau suivant : « Développer notre capacité de jugement », p. 131).
La capacité que nous avons d'accepter notre vulnérabilité est l'une des manifestations de la vie en nous. Le philosophe Bertrand Vergely[3] dit qu'on fait beaucoup en ne faisant rien : en arrêtant de jouer au fort, en acceptant l'œuvre du temps, en acceptant que la vie fasse son travail dans le corps. Bien souvent, les gens témoignent que les épisodes qui les ont le plus marqués sont ceux où ils ont surmonté une épreuve en acceptant leurs limites, en accueillant leur vulnérabilité. La liberté et la créativité apparaissent toujours à travers quelque chose qui semble d'abord faible et vulnérable. Dans les histoires bibliques de David, dans les contes du Petit Poucet ou du Vaillant Petit Tailleur, le véritable héros est toujours un héros désarmé. Quelle leçon peut-on en en tirer ? Peut-être devons-nous nous accorder à la part de nous-mêmes qui est fragile, délicate, faible pour laisser s'exprimer nos ressources les plus personnelles, ce que nous pouvons apporter de différent.

Développer la confiance dans ses capacités de jugement

Même les personnes qui disent manquer de confiance en elles ne doutent pas 100 % du temps. Quand elles sont concentrées et absorbées par une tâche qui leur tient à cœur, dans un environnement où elles se sentent bien, leur besoin de stimulation est satisfait et elles ressentent cette stabilité dans leur corps. Comme on peut l'observer chez les enfants, le manque de confiance se dissout dans l'engagement dans une tâche, même simple, qui a du sens.
La connaissance de nos limites est toujours l'amie de la confiance en soi. Par exemple, certains parmi ceux de mes stagiaires qui disent ne pas avoir confiance en eux m'ont confié qu'ils rechignent

3. Notes de conférence.

parfois à demander une pause : ils s'obligent à être à la hauteur, au prix parfois d'une grande fatigue.
Hervé, 34 ans, chef de projet en agence de publicité, connaît bien cette illusion de toute-puissance. Avec le temps, il a appris à en tenir compte : « *Au début de ma carrière, la pression était maximum pour lancer la* start-up, *le sentiment de toute-puissance aussi. Parfois, le stress était tel dans l'agence que je restais tard le soir, je revenais le week-end pour travailler seul et, souvent, j'oubliais littéralement de déjeuner. En réunion, l'après-midi, c'était parfois le blanc total, je n'arrivais plus à formuler mes idées. Je voulais faire toujours plus, je faisais toujours moins. J'avais honte de ce qui m'arrivait et j'espérais que personne ne le remarquerait. Avec le recul, je crois que je suis passé près du* burn-out. *Désormais, j'essaye de respecter la frontière entre vie professionnelle et vie personnelle, je prends mes repas normalement, et si besoin, je préfère sortir de la pièce et m'aérer quelques minutes pour retrouver mes esprits.* » L'exemple d'Hervé nous rappelle que la relation au monde est intimement liée à la relation à soi : se faire confiance pour agir, c'est aussi savoir revenir à soi en tenant compte de ses sensations et de ses besoins.
Plus nous développons la confiance dans notre capacité de jugement, plus nous pouvons accepter d'aller de l'avant sans tout connaître à l'avance. Comme l'illustre le conte de Grimm *Le Vaillant Petit Tailleur*, l'incertitude cesse d'être un obstacle. Elle devient une donnée et, plus encore, une ressource. Les épreuves auxquelles est soumis le petit tailleur lui permettent de révéler d'étape en étape ses nombreuses qualités – adresse, ruse, bravoure, agilité, prudence – et de devenir un peu plus confiant après chaque épreuve surmontée.
Notre capacité de jugement nous permet de comprendre comment nous décidons et comment nous agissons. La métacognition est la représentation que nous avons des savoirs que nous possédons et de la façon dont nous pouvons les utiliser. Nous familiariser avec les stratégies que nous mettons en œuvre pour apprendre et agir nous permet de développer la relation de confiance en nos propres ressources et nous aide à surmonter nos peurs en situation nouvelle.

Plus nous hésitons à nous faire confiance, plus nous avons peur de passer à l'action. N'ayant pas vraiment confiance en nos capacités, nos expériences passées ne nous servent plus de référence : désaccordés de nous-mêmes, nous ne mobilisons pas nos savoirs préalables et ne sommes plus capables de réajuster nos compétences pour agir, ni pour identifier et apprendre éventuellement ce qui nous manque encore. Il est bien sûr possible de sortir de ce cercle vicieux et de développer une attitude plus constructive envers soi-même.

Développer notre capacité de jugement

En nous entraînant à observer les petits détails qui nous environnent	→ nous développons notre attention et notre capacité à nous laisser absorber par l'acceptation du réel.
En observant nos propres émotions	→ nous apprenons à prendre le temps de décider de la façon dont nous voulons y répondre, en lien avec nos valeurs.
En nous remémorant ce que nous avons mis en place pour réussir, et ce que nous avons appris de nos échecs	→ nous développons notre capacité à : • raisonner par nous-mêmes ; • comprendre nos choix ; • développer notre présence à nous-mêmes.

Développer la confiance dans ses ressources

Quand nous sommes ancrés dans notre corps, nous anticipons les situations du quotidien de façon positive et considérons que nous pouvons être à la hauteur de la tâche. Forts de nos expériences passées, nous pouvons mobiliser nos ressources de façon adéquate le moment venu : capacités d'organisation, compétences dans l'exécution, créativité, valeurs, relations et moyens matériels.
Reconnaître et exercer sa capacité à faire donne de l'énergie pour s'engager dans une tâche. Nombreux sont ceux d'entre nous qui méconnaissent la richesse de leurs ressources, c'est-à-dire de leurs savoir-faire et de leurs compétences. Les compétences développées

personnellement, qui sont liées à ce que nous avons surmonté, sont celles qui nourrissent la confiance en soi.

QUESTIONNEZ-VOUS...

Je suis capable !
Lister ses réussites et ses épreuves surmontées regonfle la confiance en soi. Tout ce que l'on fait sans effort et tout ce que l'on a appris dans les domaines personnel, relationnel, professionnel révèle aussi des compétences.

- **Qu'aimez-vous faire/qu'avez-vous fait ou surmonté dans la vie ?**
- **Que faut-il comme qualités pour faire cela ?**

Pour ancrer davantage le sentiment de vos compétences, vous pouvez poursuivre votre enquête :

- **Comment avez-vous su que c'était une bonne chose à faire ?**
- **Comment avez-vous fait ? Cela a-t-il été facile, difficile, entre les deux ? Quelle petite touche bien à vous avez-vous apportée à la situation ?**
- **De quel aspect êtes-vous le plus fier ?**
- **Que retenez-vous d'utile pour vous aujourd'hui ?**

Chaque fois que l'on active une compétence construite dans l'expérience, on forge sa confiance en soi, car celle-ci est d'abord une réalité corporelle. Vous trouverez ci-après des exemples de qualités (d'après la liste établie par les chercheurs du VIA Institute). Elles y sont envisagées comme des forces qui expriment nos valeurs. Toute valeur morale s'incarne dans une qualité, et peut être observée dans différentes situations au fil du temps. Comme une médaille, une qualité a son avers (face) et son revers (pile). Je vous suggère de faire cet exercice avec une personne avec qui vous vous sentez en confiance : en effet, nous autres êtres humains prenons conscience de nous-mêmes et de nos qualités dans la relation à l'autre. Quand on se cantonne au seul plan cognitif, cela permet de réfléchir, mais ne suffit généralement pas à changer profondément son regard sur soi-même. Nous sommes ainsi faits que la relation à soi-même passe par le regard coopératif de l'autre.

Pour explorer vos qualités, cochez dans la colonne centrale les piles et les faces de vos médailles, dans lesquelles vous vous reconnaissez et pour lesquelles vous avez des exemples vécus. C'est aussi un excellent exercice pour apprivoiser sa part d'ombre. Nos excès sont plus faciles à accepter quand nous constatons qu'ils sont forcément le revers d'une qualité. Mieux se connaître permet de s'accepter dans toutes ses dimensions, et favorise une juste estime de soi, base d'un sentiment de sécurité avec soi-même.
Exemple : Martine fait parfois preuve d'agitation (ligne 10). La vivacité avec laquelle elle s'exprime traduit sans doute sa joie de vivre. Paul a parfois un petit côté manipulateur (ligne 12). Il sait soupirer ou être enjôleur à bon escient pour obtenir ce qu'il veut : cela traduit son intelligence sociale. Ces tendances sont proposées à titre d'exemple – les revers varient pour chacun.

J'active mes ressources

Tout défaut (PILE) est l'excès d'une qualité (FACE)			
	Sous la médaille : PILE Excès		Sur la médaille : FACE Valeur/Qualité
1	Dispersion, indiscipline		Créativité, ingéniosité, et originalité
2	Éparpillement		Curiosité et intérêt accordé au monde
3	Indifférence, rationalisme Confusion		Discernement, pensée critique, ouverture d'esprit
4	Routine, intellectualisme, formalisme		Amour de l'étude, de l'apprentissage
5	Indifférence au présent		Perspective, sagesse
6	Témérité		Courage-audace
7	Entêtement, soumission, conformisme		Courage-persévérance Assiduité, application.
8	Raideur, parti pris, scepticisme		Honnêteté, intégrité, et sincérité

10	Agitation, impulsivité		Joie de vivre, enthousiasme, vigueur et énergie
11	Influençabilité, dépendance		Capacité d'aimer et d'être aimé
12	Calcul, manipulation		Intelligence sociale
13	Perfectionnisme, rigorisme		Citoyenneté, travail d'équipe. Fidélité
14	Rationalisme, égalitarisme		Impartialité, équité et justice
15	Directivité, imprudence		Leadership (capacité à diriger)
16	Crédulité		Capacité à pardonner
17	Effacement, timidité		Modestie et humilité
18	Circonspection, indécision		Prudence et discrétion
19	Froideur, impassibilité		Maîtrise de soi
20	Candeur, exaltation		Reconnaissance de la beauté
21	Dépréciation de soi		Gratitude
22	Insouciance, irréalisme		Espoir, optimisme
23	Superficialité, inconstance		Humour, gaieté
24	Détachement		Spiritualité, foi, but dans la vie

Notre singularité se manifeste à travers l'acceptation à la fois de nos imperfections et de nos qualités. L'un des meilleurs antidotes au manque d'estime de soi est de se reconnaître et de s'accepter comme une personne unique, avec ses qualités et ses défauts. En incarnant simplement dans votre vie les valeurs et donc les qualités qui sont les vôtres, vous aurez la joie de vous sentir davantage en confiance avec vous-même... et avec les autres.

Nos ressources sont de deux ordres, externe et interne. Les externes : amis, parents, famille, proches, collègues, et toutes les personnes-ressources qui peuvent nous être utiles d'une façon ou d'une autre. Nos ressources internes concernent les valeurs et les qualités qui nous donnent de la force pour agir. Habiter son for intérieur, c'est faire se rencontrer nos aptitudes naturelles d'une part, nos compétences acquises d'autre part, et enfin de les faire coïncider avec nos buts dans la vie.

La méthode de l'Arbre de vie[4], développée par N. Ncube et D. Denborough, sert de support à des conversations narratives qui ouvrent des pistes pour explorer nos ressources au sens large. En atelier, chaque participant dessine son propre arbre de vie. Chaque partie de l'arbre correspond à l'une des dimensions de l'identité. L'un des plus grands intérêts d'utiliser l'arbre de vie en atelier est d'inviter les participants à envisager collectivement leurs ressources à la fois comme des dons reçus, comme des compétences construites, et comme des contributions. Cette investigation est une expérience à part entière, qui permet à chacun de se réaccorder avec ce qu'il a de plus précieux dans sa vie.

Les racines permettent d'évoquer ce qui nous a construits, ce que nous avons reçu et qui nous permet d'avancer dans la vie : famille, lieux, souvenirs vers lesquels nous nous tournons quand nous avons besoin de force. Le sol représente les activités qui font notre quotidien. Le tronc représente nos qualités, nos valeurs et nos ressources, et comment nous les avons acquises. Les branches, ce sont nos rêves et nos espoirs. Les feuilles honorent les personnes sur qui nous pouvons ou avons pu compter dans la vie. Les fruits sont les cadeaux que nous avons reçus dans notre vie : gestes d'amour ou d'attention. C'est l'occasion de se demander ce qui nous a valu d'être ainsi appréciés par ces personnes. Les fleurs et les graines représentent ce que nous voulons offrir et transmettre aux autres, ce que nous voulons laisser comme contribution à la vie des autres.

Isabelle D., sophrologue, conclut que « *la confiance en soi, c'est un sentiment d'assurance de ses possibilités dans les défis quotidiens, dans les changements et face aux situations nouvelles. Elle se traduit par une sensation corporelle de sécurité intérieure, le sentiment d'être à sa place, d'avoir les ressources nécessaires pour faire face aux situations et imprévus du quotidien. Cette sécurité intérieure se traduit physiquement dans l'attitude, dans la tranquillité des gestes et la simplicité dans le rapport aux autres* ».

4. Dina Scherrer, à paraître chez Dunod.

Clé n° 4

Adhérer au réel

• Que ce soit pour résoudre des cas de conscience, mais aussi pour mener à bien des tâches toutes simples, se relier à ses valeurs est un puissant moteur pour agir et construire une bonne estime de soi.

• Nous demander : « Que dois-je faire ? » ne nous fait guère avancer, car cela fait de nous des exécutants.

• Demandons-nous plutôt : « *Qui* est-ce que je *veux* être ? » Cette question fait surgir l'image préférée de nous-mêmes, qui nous donne immédiatement accès à la bonté, à la majesté et à l'énergie qui sont en nous.

Clé n° 5 : Retrouver le goût d'agir

We generate fears while we sit. We overcome them by action.
Fear is nature's way of warning us to get busy.
Nous générons de la peur lorsque nous demeurons passifs.
Nous la surmontons lorsque nous passons à l'acte. La peur est le langage de la nature pour nous souvenir d'agir !
Dr Henry Link

Notre confiance grandit dans l'action

Se dire oui à soi-même : s'accorder à ses motivations

La confiance en soi ne nous met pas directement en action, mais le manque de confiance en soi peut nous amener à renoncer. Une juste estime de soi nous aide à entreprendre des actions qui nous ressemblent et qui, *in fine*, feront grandir notre sentiment de pouvoir se faire confiance. Quand on n'a pas confiance en ses capacités, il est difficile de se mettre en mouvement dans le but d'atteindre des objectifs. « Si seulement je trouvais la motivation ! », soupirent parfois mes jeunes et moins jeunes clients. Il nous arrive souvent de confondre manque de confiance et démotivation. Ces deux phénomènes, abusivement perçus comme des malédictions qui s'abattent sur nos têtes, se manifestent par la difficulté voire l'incapacité à passer à l'action.

Roland Viau[5] définit la motivation comme « *un état dynamique, qui a ses origines dans la perception qu'une personne a d'elle-même et de son environnement, et qui l'incite à choisir une activité, à s'y engager et à persévérer dans son accomplissement afin d'atteindre un but* ».

Voyons leurs points communs :

• un état dynamique : comme la confiance en soi, la motivation va et vient, au gré des activités pour la motivation, et plus largement au gré des états d'âme pour le sentiment de confiance en soi ;

5. *La Motivation en contexte scolaire*, 1994.

• qui a ses origines dans la perception qu'une personne a d'elle-même et de son environnement : motivation et confiance en soi sont toutes les deux liées à la relation à soi, aux autres et au monde ;
• qui se manifeste par l'engagement et la persévérance dans une activité : confiance en soi et motivation s'incarnent dans l'action ;
• afin d'atteindre un but : là est la spécificité de la motivation.

Motivation, estime de soi et confiance en soi ont un point commun, celui d'être invoquées pour favoriser notre aisance à agir. L'estime de soi désigne la qualité de l'image que l'on a de soi-même, tandis que la motivation désigne ce qui nous pousse à agir, la source de notre énergie. La confiance en soi est une question de sécurité, la motivation est une question de désir. L'estime de soi est dans le corps, la motivation, dans le but et le sens de l'action. Elles sont inséparables et se nourrissent mutuellement.

Se réaccorder à sa motivation, c'est se relier à ce qui nous met en mouvement : nos valeurs, nos priorités. Notre motivation est durable si elle préserve notre équilibre interne (valeurs fondamentales) et externe (système familial, professionnel, environnement social).

Listez de cinq à dix activités dans votre vie personnelle, autant dans votre vie professionnelle, et autant dans vos différents centres d'intérêt. Pour en trouver plus, vous pouvez décomposer vos activités en différentes actions. Entourez celles qui vous donnent de l'énergie. Laissez les autres de côté.

QUESTIONNEZ-VOUS...

Activités qui vous donnent de l'énergie :
• Quels sont leurs points communs ?
• Qu'est-ce qui vous attire dans ces activités ?

Paysage de l'identité : relation à soi
• Qu'est-ce qui dans ces activités est en accord avec vos valeurs ?
• Quels sont les aspects qui vous permettent de tirer le plus d'intérêt, de plaisir et de fierté ?
• En quoi ces activités vous rapprochent-elles de la personne que vous souhaitez être ?
• Quels espoirs avez-vous pour votre vie, en lien avec ces activités ?

Paysage de l'action : relation au monde
• Quels sont les environnements qui vous conviennent le mieux ?
• Comment vous y prenez-vous pour accomplir ces activités ? (verbes d'action)

Paysage de la relation : relation à l'autre
• Qui autour de vous partage votre intérêt pour ces activités et/ ou reconnaît vos compétences ?
• En quoi ces activités sont-elles utiles ou bénéfiques à vous-même et/ou aux autres ?

Maintenant, regardons les activités qui vous pompent de l'énergie :
• Qu'est-ce qui vous irrite dans cette activité ?
• À quoi votre irritation dit-elle non ?
• Qu'est-ce qui fait que vous acceptez néanmoins de les accomplir ?
• À quoi votre effort dit-il oui ?
• Qu'est-ce que cela dit de ce qui est important pour vous ?
• Qu'est-ce que cela dit de vous en tant que personne ? de vos valeurs ? de vos buts dans votre vie ?

À chaque fois que je pose un acte, je me fais une opinion au sujet de la personne que j'incarne. Suis-je en train de faire des choses ou d'avoir une attitude contraire à mes valeurs, ou bien ai-je choisi de les accepter pour être fidèle à une valeur supérieure ?
Le respect et l'entraide sont des valeurs fondamentales pour Agnès, jeune ostéopathe. Voulant aider un maximum de gens, elle accordait au début de sa carrière plus de rendez-vous qu'elle ne pouvait en donner, et se retrouvait souvent obligée d'annuler les derniers, faute de temps. Ces annulations quotidiennes lui donnaient une mauvaise perception d'elle-même. En acceptant les limites de son agenda, elle parvient aujourd'hui à mieux organiser son planning, à honorer ses rendez-vous et à accorder à chacun le temps nécessaire. Ses actions sont accordées à ses valeurs : elle se perçoit comme fiable et attentive, en accord avec ses valeurs, ce qui soutient son estime d'elle-même.
Quand je suis en lien avec mes buts préférés, aligné sur mes valeurs, j'ai confiance dans mon potentiel et je me sens plein d'énergie pour passer à l'action. J'accepte les événements qui m'arrivent et les

émotions qui me traversent, j'habite mon identité singulière. Mon énergie peut se consacrer à sa tâche naturelle, à savoir la prise d'initiatives en lien avec mes intentions.

Rester son meilleur allié

Poser des actes ordinaires, c'est choisir une vision large qui embrasse le sens du compromis, le relatif, la spontanéité, plutôt qu'une vision étroite cernée par des conventions et des tyrannies d'absolu : tout ou rien, « il faut », je « dois », jamais, toujours, les « quand je..., alors je... » qui n'arrivent jamais comme on le pense et sont aussitôt remplacés par d'autres conditions.

• Arrêter les efforts inutiles

Certains d'entre vous connaissent peut-être la loi des 80-20 de l'économiste Pareto, qui a observé que, de manière générale, 80 % des revenus sont perçus par 20 % de la population. On s'est aperçu que cette remarque se vérifie dans de nombreux domaines : 20 % des trains transportent 80 % des voyageurs, 20 % des jouets de vos enfants sont utilisés 80 % du temps, 20 % de vos tenues sont portées 80 % du temps.

On croit souvent que si l'on fournit 20 % d'efforts, on obtiendra 20 % de résultat. Eh bien, la vie est beaucoup plus généreuse que ce que nous pensons, puisque l'expérience montre qu'en réalité, nous obtenons 80 % de nos résultats par seulement 20 % du travail que nous fournissons. Laissons de côté la vérification statistique ; la seule chose à retenir ici est qu'une petite partie de nos activités engendre la plus grande partie de nos résultats, et qu'au-delà de 20 % de travail, nous perdons en efficacité. Même s'il est de bon ton de paraître débordés et fatigués, rien ne nous y oblige. Nous pouvons obtenir de très bons résultats avec plus de légèreté, de facilité et de plaisir, dès lors que nous acceptons de nous consacrer pleinement à nos priorités.

Cela nous invite à faire le tri dans nos objectifs. Repérons ce qui est important, apprenons à hiérarchiser nos priorités. Qu'est-ce qui est vraiment important pour nous ? À quoi, à qui donnons-nous la priorité dans nos vies ? Quelles sont les qualités et les valeurs que nous voulons incarner dans nos activités ? Commençons nos journées par ce qui a le plus d'impact positif pour atteindre nos buts. Pour résumer, que répondons-nous à cette simple question : si je ne devais travailler que deux heures par jour, qu'est-ce qui serait véritablement essentiel ? Notre réponse nous guidera pour nous mettre au travail avec confiance.

• **« *Commencer est la moitié de tout* » (Pythagore)**

Tout tient dans cette simple phrase. Pour commencer, n'importe quel endroit, le plus simple ou le plus compliqué, le plus attrayant ou le plus rebutant, sera le bon, pourvu qu'il nous permette d'enclencher le mouvement. Commencer sans attendre d'être tout à fait prêt, voire sans attendre d'en ressentir l'envie, nous permet de faire une expérience riche et pleine de promesses : celle d'avoir mis le pied à l'étrier !

Parfois, un échec a laissé des traces : « Et si désormais tout se déroulait toujours de la même façon pour moi ? » Nous avons tous tendance à fuir le stress et à rechercher en priorité ce qui nous fait plaisir. Qui n'a jamais balayé d'un revers de la main tel dossier compliqué à boucler, tel mail délicat à envoyer, telle démarche administrative à effectuer ? Ce sera pour demain ! Sur le mode « ce qui est fait n'est plus à faire », la loi dite de Laborit, médecin et neurobiologiste français, propose un défi : celui de prendre à bras-le-corps ce qui est compliqué et rébarbatif, et s'accorder une récompense une fois la tâche accomplie. Se mettre en action a un effet immédiat très positif sur la confiance en soi, en étayant notre sentiment d'efficacité personnelle. L'idée est simple : commencez ! Vous verrez que tout le reste suivra beaucoup plus facilement que vous ne le pensiez.

Pour ceux que cette simple perspective effraie, il sera bon de commencer par visualiser votre but, et de le rapprocher de vos choix existentiels. Comme nous l'avons vu plus haut, se focaliser non pas sur ce que vous devriez faire, mais sur la personne que vous voulez devenir. En détaillant autant que possible cette vision, à court terme et à moyen terme, en explorant ses effets, ses répercussions sur vos proches, ses conséquences pratiques, l'image qu'elle vous renverra de vous-même, le sens qu'elle contribuera à donner à votre vie, vous sentirez sans doute monter le désir de passer à l'action.

• Nourrir sa confiance par les combines aimables

Ce que j'appelle les combines aimables sont des astuces réalistes, astucieuses, parfois fantaisistes qui nous réconcilient avec l'action. Pour se faire confiance dans l'action, on peut baliser notre chemin par des combines qui sont autant d'étapes sur le chemin. À partir de votre expérience, vous pouvez identifier vos propres combines préférées et adopter celles qui vous conviennent. Voici celles que je vous propose.

Première combine : Choisir ses batailles
Se consacrer uniquement à ce que nous pouvons changer. Faire la différence entre ce que nous ne pouvons pas changer (limitations) et ce sur quoi nous pouvons *et* voulons agir (difficultés et problèmes) est un premier pas pour se faire confiance dans l'action. Nous nous sentons compétents quand nous identifions d'emblée ce qui relève de nous.

Deuxième combine : Hacher menu l'obstacle
Se sentir compétent face à l'obstacle, c'est le découper en sous-objectifs. Nous pouvons alors nous relier à la ressource qui nous sera utile à chacune des étapes, à nos valeurs et nos besoins (y compris en termes d'apprentissage si nécessaire).

Troisième combine : Commencer par commencer !
Pour expérimenter à la perfection, il faut justement tolérer l'imperfection ! Donner la priorité à l'essentiel, c'est se moquer un peu de la finition, du moins au début. Puis – et seulement puis – prendre en compte les détails, et parfaire si le cœur vous en dit. Quel que soit l'objectif, soyons à l'aise avec des efforts modérés : rappelons-nous la loi de Pareto !

Quatrième combine : Ménager sa monture
Deux types de pause aussi utiles l'une que l'autre. Le sommeil nous permet de consolider nos apprentissages. Les recherches en neurosciences ont montré que c'est durant le sommeil que l'apprentissage s'ancre dans le long terme. Les pauses plus courtes permettent de varier l'activité et d'être ensuite plus efficace. Lors des pauses, faites quelque chose de différent. Si l'on travaille sur ordinateur, se précipiter sur son smartphone n'est pas une pause ! Goûtez, prenez l'air, chantez, bavardez, buvez, utilisez vos cinq sens. Vous reviendrez à votre tâche avec plus d'énergie.

Cinquième combine : « *Bien faire et laisser braire* »
Cette antique devise des seigneurs de Tholonet à Aix-en-Provence envoie voler le joug du perfectionnisme. Nos erreurs sont nos trésors : accueillies, elles donnent de l'épaisseur à nos histoires de vie. Que pouvons-nous dire d'utile à propos de nos erreurs, et même de notre échec ? En quoi peut-il nous permettre de nous relever, de rebondir, d'en tirer quelque chose ? Au lieu de ruminer nos erreurs, se faire confiance, c'est chercher la pépite qui s'y cache, celle qui nous aidera à progresser : la prochaine fois, que ferai-je différemment ?

Entrepreneurs : quand l'échec survient, la confiance en soi fait-elle faillite ?

Qu'est-ce qu'entreprendre ? Mobiliser la confiance en soi

En reprenant notre définition de la confiance en soi : « Croire que l'on dispose des ressources internes suffisantes pour vivre, accomplir et réussir ce qui a du sens pour soi », on est au cœur de l'entrepreneuriat. En effet, ce qui a du sens pour un entrepreneur ou un chef d'entreprise, c'est de créer, de faire vivre et de développer son entreprise. Cela peut répondre à un besoin d'indépendance, de reconnaissance, de réussite matérielle, ou au contraire à un souhait de s'intégrer dans une tradition et une lignée familiale. En tout état de cause, entreprendre a toujours un sens fort et intime qui le connecte à une énergie vitale. Il a toujours un lien affectif et émotionnel avec son entreprise.

- Un entrepreneur est connecté à une vision de son activité, ce qu'il souhaite construire, un instinct de ce qu'il faut faire, une intuition. Cette vision de ce vers quoi il tend, c'est ce qui l'anime profondément. Il y a toujours une part de créativité, d'instinct, d'intuition dans cette démarche. Il est profondément connecté, tant intellectuellement qu'émotionnellement, à l'aventure de son entreprise. C'est profondément « ce qui a du sens pour lui, ce qu'il souhaite réussir ».
- Cette connexion à ce moteur profond le pousse à l'action. Un entrepreneur fait en sorte de transformer le réel pour que sa vision devienne réalité. Le travail est intense, mais en apparence, il n'est pas coûteux, car il est connecté à ce besoin vital de réussir ce projet. Il convainc ses clients, ses banquiers, ses fournisseurs, ses équipes de le suivre dans cette aventure économique et humaine. Même s'il est accompagné d'une équipe compétente et impliquée, il y a pour un entrepreneur un investissement dans son entreprise, qui va au-delà du simple travail.
- C'est un prolongement de ce qu'il est. Que ce soit une PME, une ETI, ou plus petit, on retrouve toujours cette dimension d'action et de mise en œuvre intense qui est une mobilisation de toute l'énergie individuelle.
- Enfin, au travers de cette énergie déployée, il acquiert chaque jour de nouvelles compétences, de nouveaux savoir-faire dans lesquels il a confiance. Tout chef d'entreprise évolue dans son activité comme étant celui qui sait, celui qui voit le besoin du client et celui qui prescrit le travail des autres. Cela ne veut pas dire qu'il est totalement seul ou qu'il prend des décisions unilatérales, mais en dernier recours, c'est à lui-même qu'il fait confiance pour orienter sa société.

Se faire confiance ; inspirer confiance ; faire confiance

Dans la démarche de l'entrepreneur, du chef d'entreprise, la confiance en soi est toujours au cœur du dispositif :

• L'exercice du « pitch » ou la mise en scène de la confiance en soi

C'est en puisant dans sa confiance en lui qu'un entrepreneur réussit à convaincre et à donner confiance aux autres. Cela peut se voir dans les créations d'entreprises aujourd'hui. Les exercices de « pitch » des jeunes entrepreneurs de *start-up* reposent essentiellement sur cette dynamique. Certes, il y a un mécanisme de mise en forme, de formalisation, de synthèse et de communication, mais plus intérieurement, c'est surtout un travail sur la confiance en soi. Fondamentalement, il y a une question sous-jacente : cet entrepreneur se fait-il suffisamment confiance, est-il suffisamment engagé dans ce qu'il cherche à développer pour inspirer confiance et convaincre de le suivre dans son aventure ? Cela ne veut pas dire que les investisseurs ou partenaires n'achètent pas du concret : des études, des tests, des *business plans*, mais à la fin, comme toute décision est émotionnelle, c'est ce capital de confiance individuelle qui va les faire adhérer.

• La confiance en soi et l'écoute des autres : écouter tout le monde, mais n'écouter que soi

C'est cet équilibre difficilement décryptable qui est sans doute l'exercice le plus périlleux pour le chef d'entreprise. « Ceux qui pensent que c'est impossible sont priés de ne pas déranger ceux qui essaient. » Le succès d'un entrepreneur réside dans cette capacité à s'abstraire de ce que lui disent les autres. Et pourtant, il doit chaque jour écouter, prendre en compte le réel, les chiffres, les résultats. Le réel entre en permanence en négociation avec le monde de sa confiance en lui, de sa pugnacité, de sa résilience. Les qualités d'écoute d'un entrepreneur sont généralement paradoxales. D'une très grande finesse sur certains domaines pour capter les évolutions des marchés, de la demande, elle peut s'avérer très limitée lorsque cela vient confronter son intime conviction.

Quand l'échec survient...

Au sein des grandes entreprises, la notion d'échec est présente, mais elle est souvent peu visible. Certes, certains projets peuvent être arrêtés ou remis en cause, des investissements peuvent s'avérer moins fructueux que prévu, des lancements produits peuvent ne pas répondre aux attentes. Cependant, les responsabilités sont diluées et réparties au sein d'organisations complexes. Aussi, les échecs sont collectifs et pas forcément destructeurs pour la confiance en soi. Ils conduisent généralement à remettre en cause les organisations, les processus de décisions, et la gouvernance.
Dans le monde de l'entrepreneuriat, la situation est fort différente.

• « *Fail fast* », mais *fail* quand même

Les vertus de l'entrepreneuriat sont de plus en plus mises en avant, les pépinières, les incubateurs se multiplient. Pour autant, l'aventure entrepreneuriale est par essence une prise de risque. Les discours des fonds d'investissement, à l'instar de ce qui se passe aux États-Unis, incitent à aller vite pour lancer une activité, tester vite les mises en marché, s'adapter vite pour « pivoter » si le modèle n'est pas le bon. Et enfin, ils incitent à « échouer vite » : le fameux *fail fast*.
Face à ce nouveau discours dédié principalement à l'univers des *start-up* existe une réalité assez cruelle en France, puisque, chaque année, ce sont près de 60 000 entreprises qui déposent le bilan. Si, pour une minorité d'entrepreneurs aujourd'hui, ce dépôt de bilan répond à un impératif de *fail fast* qui permettra de rebondir sur un projet plus porteur, pour la majorité des entrepreneurs, ce dépôt de bilan est un traumatisme qui met à mal leur confiance en eux.
L'objet n'est pas ici d'analyser les causes de chacune de ces faillites, mais de témoigner de l'ampleur du choc que cela peut représenter pour un entrepreneur. Et surtout de mettre en avant les moyens de traverser cette épreuve et d'en sortir renforcé avec une confiance en soi renouvelée.

• L'échec ou le sentiment d'échec est à la hauteur de ce qui a été investi

Quand l'entreprise fait faillite, c'est toute l'identité de l'entrepreneur et sa confiance en lui qui sont mises à mal.
Une faillite est un traumatisme financier. Ce traumatisme peut aller de la « simple » perte des économies de toute une vie à l'endettement personnel et même, en France, à une réelle précarité par les mécanismes pervers de caution personnelle. Par ailleurs, en France, les mandataires sociaux ne sont pas éligibles à l'assurance chômage.
Une faillite met à mal tout l'univers relationnel du chef d'entreprise. Clients, fournisseurs, banquiers, actionnaires ne voient plus d'un même œil l'entrepreneur qui a fait faillite. Par ailleurs, du point de vue de l'entrepreneur, cet échec s'accompagne souvent d'un sentiment de honte et de culpabilité à l'égard de tous ceux qui lui ont fait confiance, en premier lieu ses collaborateurs et ses salariés.
Une faillite bouleverse l'équilibre familial. Elle arrive toujours après des mois ou des années de combat et de lutte pour faire vivre et développer l'entreprise. Cet investissement dans le travail a souvent été subi par la famille et les proches. Dans un échec entrepreneurial, ces derniers sont eux aussi fortement touchés et en souffrance par rapport à cette situation.
Enfin, suite à la disparition de son entreprise, l'entrepreneur peut ne plus se reconnaître lui-même. Ce qu'il prenait pour acquis, ce qui le définissait dans son mode de fonctionnement, lui paraît tout à coup incertain. Il peut traverser un état de sidération sous différentes formes : le déni, la colère, l'abattement. Il a le sentiment de ne pas se reconnaître dans la situation dans laquelle il se trouve. Si on devait prendre une image, il est comme le pilote d'un avion dont les instruments de vol se sont déréglés. Il a du mal à réconcilier la vision de celui qu'il était avant la faillite et la manière dont il se perçoit après la faillite. Il ne sait plus s'il est l'entrepreneur capable de relever 1 000 défis, de mobiliser les autres, de convaincre qu'aller plus loin est possible, ou bien s'il est celui qui est dans le doute, dans la tristesse, dans l'angoisse de la suite, celui qui manque d'énergie,

qui est perdu dans le déroulé de ses journées, qui n'est plus celui qu'on appelle. Il ne sait plus réconcilier ces deux identités.
Comme le résume dans un *post* sur LinkedIn Eric Charpentier, PDG de Morning au moment où sa *start-up* menaçait d'être liquidée (elle sera finalement rachetée, mais lui quittera l'entreprise) : « *Je suis dévasté pour ma femme qui a enduré tous ces moments difficiles, mes enfants qui vont voir cette histoire s'arrêter sans que personne n'y comprenne rien. J'ai versé mes larmes avec mes proches, j'ai versé mes larmes avec mon équipe, on a aussi partagé des moments d'une rare intensité. Morning, ce sont des émotions assumées et partagées par tous. L'entrepreneuriat est à ce prix, c'est l'énergie de toute une vie.* »

Se refaire confiance grâce aux autres

• Résister à la tentation de l'isolement

Par essence, le caractère d'un entrepreneur ne le pousse pas à demander de l'aide ou à s'épancher. Aussi, quand l'échec survient, la tentation peut être double :
• enfouir au maximum la souffrance et la nier : après un dépôt de bilan, la tentation pour un entrepreneur est d'essayer de faire « comme avant ». Et « comme avant » consiste finalement à se faire confiance à soi-même pour s'en sortir seul. Or en fonction de l'ampleur de la perte qui, comme on l'a vu, est proportionnelle à ce qui a été investi dans l'entrepreneuriat, il peut être illusoire, dangereux et surtout douloureux de croire qu'on va pouvoir s'en sortir par soi-même ;
• au contraire, se confondre avec la réalité de l'échec : mon entreprise a échoué, donc j'ai échoué donc je suis un échec. Ce sentiment d'échec personnel est souvent tu à l'entourage, car il n'est pas conforme à l'image que l'on souhaite donner de soi. Pour autant, il peut se manifester, émotionnellement et physiquement, par une tristesse, un manque d'énergie, une perte de goût dans ce qui faisait plaisir auparavant. Cela peut lentement mener à la dépression.
Dans les deux configurations, la tentation de l'isolement est forte. Dans la première, c'est la tentation de se reconstruire seul par la

force de sa volonté. Dans la seconde, c'est la tentation de l'isolement pour supporter la honte et la culpabilité.

- **Se faire accompagner par une communauté**

Être entouré dans les moments difficiles qui suivent un dépôt de bilan est fondamental. L'amour des proches, l'affection et l'attention de l'entourage amical sont indéniablement des éléments déterminants pour rebondir. Pour autant, la famille et l'entourage ont aussi été embarqués dans l'aventure et ils sont souvent eux-mêmes ébranlés. Il est important, pour le chef d'entreprise, de changer d'air pour soigner ses blessures. En effet, les sentiments de honte et de culpabilité peuvent entrer en écho avec ceux de sa famille et de ses proches. Il faut alors aller puiser des ressources dans un environnement neutre de gens qui partagent une communauté d'expérience de l'entrepreneuriat et du dépôt de bilan. C'est ce que propose l'association 60 000 rebonds qui a mis au point un programme d'accompagnement permettant à l'entrepreneur de rebâtir sa confiance en lui et ainsi de rebondir plus rapidement.

- **Retrouver des pairs**

Selon la logique de ce que les Anglo-saxons appellent des *communities of concern*, l'association 60 000 rebonds réunit les entrepreneurs qui ont connu la même aventure de l'entrepreneuriat et du dépôt de bilan. Elle réunit aussi des experts bénévoles : financiers, juristes, consultants, anciens entrepreneurs, coachs qui mettent à disposition leurs compétences pour aider les entrepreneurs à rebondir. Dans cette communauté, l'entrepreneur rompt avec un sentiment d'isolement. Il peut partager son expérience unique et savoir qu'elle est profondément comprise par ceux qui ont traversé les mêmes difficultés. Ce lien, ce partage d'expérience, permet à l'entrepreneur de commencer à modifier le regard qu'il porte sur lui.
Dans cette communauté, il peut aussi partager des histoires de « résistance » à ce qui lui arrive. En faisant le récit de son aventure entrepreneuriale et de son échec, l'entrepreneur fait aussi le récit

de tout ce qu'il a mis en œuvre pour lutter et combattre. Ce faisant, il se reconnecte à ses compétences, à ses savoir-faire, à sa capacité de résilience. Le groupe de pairs et d'experts est alors témoin de toute cette énergie déployée, de toutes ces compétences mises en œuvre. Sur ce regard extérieur, il rompt avec le sentiment d'isolement et commence à rebâtir sa confiance en lui.

• L'accompagnement individuel : se reconnecter à ses ressources

L'association 60 000 rebonds propose un coach à tous les entrepreneurs qui rejoignent l'association. La demande de l'entrepreneur au moment où il rejoint l'association est généralement peu précise. L'expérience de ces accompagnements m'a prouvé que les entrepreneurs, après leur faillite, ont besoin d'un lieu dans lequel ils peuvent vivre et exprimer ce qu'ils ne peuvent pas exprimer ailleurs : la tristesse de la perte, la colère contre certains, mais souvent en premier lieu contre eux-mêmes, la honte et la culpabilité vis-à-vis de leur entourage, de leur famille et de leurs salariés... Tout cela leur permet d'avancer dans leur processus de deuil.
Pour autant, en tant que praticien narratif, mon intention est rapidement de les accompagner pour qu'ils redeviennent auteurs de leur vie en se reconnectant à leurs ressources, et en premier lieu à leur confiance en eux. Aussi, toute mon attention de coach narratif est tournée vers ce qui va les sortir du mode de survie dans lequel ils sont, pour les ramener vers la vie et le rebond. Pour cela, ma démarche est de m'intéresser à tous les moments lumineux (de réussite) de leur aventure entrepreneuriale.
• Je demande à l'entrepreneur de me raconter des éléments significatifs de son chemin professionnel. Cela lui permet de se tourner vers ce qui semble disparu, mais qui fait toujours partie de son existence, de ses compétences et de son identité.
• À partir des événements qu'il a sélectionnés, je l'invite à en faire le récit, et je le questionne avec une seule intention : faire réémerger ses compétences et ses talents tout en jouant le rôle de témoin. Dans le questionnement, je cherche aussi à faire réapparaître les témoins actuels ou passés des compétences mises en œuvre par l'entrepreneur.

• Questionnez-vous pour partir à la rencontre de vos réussites :
– Racontez un événement marquant de votre aventure entrepreneuriale.
– Quel était votre rôle ? Qu'avez-vous fait ?
– Qu'est-ce qui vous a aidé à faire comme cela ?
– Comment avez-vous su que c'était cela qu'il fallait faire ?
– Qu'est-ce que vous avez développé comme compétence pour faire cela ?
– Qu'est-ce qui vous a aidé à avoir ce talent, cette compétence ?
– Qui sait que vous avez cette compétence ? Qui a été témoin de ces compétences ?
– Qu'est-ce que votre entourage pensait en vous voyant procéder de la sorte ?
– Qu'est-ce qui était important pour vous dans le fait de procéder ainsi ?

En faisant ce récit et en répondant aux questions, l'entrepreneur reconnecte ses ressources et ses compétences qu'il peut croire disparues. Le voyage qu'il fait intérieurement le reconnecte aussi à ses émotions, à son énergie, à ce qui est du ressort de l'énergie vitale. Par cela, il acquiert à nouveau confiance en un certain nombre de compétences, de savoir-faire et de savoir-être dont il dispose et qui n'ont pas disparu dans la faillite. Par ailleurs, il se reconnecte avec des valeurs fortes pour lui, qui continuent d'avoir du sens.

• Le dernier déjeuner

En faisant, le récit de son parcours, Bertrand mentionne un moment marquant : le dernier déjeuner avec ses équipes après la liquidation de son entreprise. De ce moment qui aurait pu être triste, Bertrand, en l'évoquant, a souligné la chaleur des liens qui existaient au sein de cette équipe, la reconnaissance qu'il a eue envers eux d'avoir organisé ce déjeuner. Il a réévoqué son combat et tout ce qu'il avait déployé comme énergie pour tenter de sauver l'entreprise et leurs emplois. En évoquant tout cela, il s'est reconnecté à ses compétences, à ses valeurs. Il a aussi pris conscience de la reconnaissance de tout son entourage pour le combat qu'il avait mené.

En convoquant ce récit et ces témoins, il reprenait ainsi de la valeur à ses propres yeux. Cette expérience n'était pas qu'un échec, loin de là... Cette combativité et ces valeurs pouvaient désormais s'exprimer dans d'autres projets.
À l'issue de ce type de conversation, la réalité de la vie de l'entrepreneur n'a pas changé, mais sa confiance dans ses aptitudes et compétences pour traverser ces difficultés est profondément modifiée. Sa confiance en sa capacité à se projeter dans une nouvelle réussite est aussi remobilisée.

• **Le codéveloppement : gagner en confiance pour agir**

Enfin, la troisième modalité d'accompagnement au sein de 60 000 rebonds repose sur le codéveloppement. Pour préparer son rebond professionnel, l'entrepreneur présente un projet, une problématique à un groupe de pairs et d'experts. Cette présentation se fait selon le processus de codéveloppement inspiré de Champagne et Payette. Le principe est de suivre un processus au cours duquel l'entrepreneur présente le sujet sur lequel il demande l'avis du groupe.
Le groupe lui-même est constitué d'entrepreneurs comme lui et d'experts bénévoles qui, dans ce dispositif, ont un rôle de consultants face à la problématique qui leur est soumise. Suivant le processus de codéveloppement, l'entrepreneur vient ainsi exposer devant un groupe de 6 à 8 personnes un projet ou une problématique à laquelle il est confronté. Ce faisant, il démontre publiquement sa capacité d'analyse, sa vision, son questionnement, son écoute, sa capacité à convaincre. En réalité, il remobilise en direct ce qu'il a toujours su faire par le passé, mais dont il doutait d'être encore capable. Il remet aussi en marche sa capacité de résilience en acceptant les commentaires, les doutes, les interrogations des consultants face à son projet.
Dans cet exercice, il démontre qu'il se fait suffisamment confiance pour présenter son projet aux autres. Par ailleurs, il fait aussi confiance aux consultants présents pour l'aider à avancer dans sa démarche. Cet exercice est très important dans la reconquête de la confiance en soi. En outre, cette dynamique du codéveloppement

apporte un deuxième bénéfice de confiance en soi aux entrepreneurs présents en tant que consultants. En effet, ils mobilisent aussi leurs compétences, leurs capacités d'analyse, au service de l'entrepreneur qui les consulte.
Au travers de la dynamique de ces trois formes d'accompagnement, l'entrepreneur fait revivre la confiance en lui qu'il avait le sentiment d'avoir perdue. Ses pairs, les experts et les coachs qui l'entourent, sont les témoins extérieurs de ses compétences, de la renaissance de sa confiance en lui et de la mobilisation de ses ressources internes. Il fait à nouveau confiance à ses compétences, à ses aptitudes pour agir et se mettre en mouvement.

• **Pour redéfinir un nouveau chemin de réussite**

Alors qu'il s'est reconnecté à ses compétences et à sa capacité d'action, la question de ce qui a du sens pour lui, de ce qu'il souhaite réussir, se pose implicitement. Il s'avère que, dans le choc de la faillite, dans cette expérience de la souffrance et de la vulnérabilité, ce ne sont pas les compétences ou la capacité d'action qui sont modifiées, mais plus souvent ce qui a du sens pour l'entrepreneur et ce qu'il souhaite réussir. Le goût pour la prise de risque, pour la réussite matérielle, pour l'engagement total dans un projet entrepreneurial peut se trouver profondément changé. Les sacrifices personnels ou familiaux peuvent aussi être revisités. C'est parfois le travail le plus long à accomplir, réorienter son chemin de réussite en fonction de nouvelles valeurs, de nouveaux besoins que cette expérience a fait émerger.
Dans le travail, effectué avec le coach et dans l'analyse des prochaines pistes professionnelles, interroger les espoirs, les motivations et les rêves de l'entrepreneur permet de découvrir quelles aspirations et quelles ressources soutiennent son projet. Suite à la faillite, tous disent vouloir repartir dans l'entrepreneuriat. Au fil des mois de reconstruction et de reprise de confiance en soi, peuvent apparaître de nouvelles motivations : passer plus de temps avec ceux qu'ils aiment, avoir plus de sérénité et de sécurité dans sa vie professionnelle ou personnelle, mettre plus de « sens » dans leurs activités, ne pas rechercher que la réussite sociale ou

matérielle. Le regard qu'ils posent sur le monde et sur la vie est transformé. C'est grâce à ce travail de réalignement en profondeur que la prochaine étape professionnelle pourra être réussie.

Nourrir sa confiance

Apprendre de ses expériences

On apprend par l'expérience. Tout le reste n'est qu'information.
A. Einstein

Plus qu'une question d'aptitude, la confiance en soi est une histoire d'attitude. Pourtant, comme le souligne Olivier Abel : « Je *voudrais combattre le sentiment, aujourd'hui extrêmement répandu, qu'il est facile de se changer. Il suffirait de changer de lunettes, de vêtements, de look, de voiture, de conjoint, il suffirait d'essayer autrement.* » Une chose est de décider de changer, une autre est d'accepter d'apprendre. Qu'est-ce qu'apprendre ? Apprendre, c'est cesser de ruminer et sortir de soi. Adopter une attitude d'acceptation et d'ouverture. C'est se laisser déstabiliser, laisser l'altérité d'un savoir que nous n'avions pas vu venir nous habiter et nous faire grandir. Prendre l'habitude d'apprendre de nos erreurs nourrit chaque jour notre confiance. Comme le souligne le philosophe B. Vergely[6], tout changement s'accompagne d'un mouvement, d'une déstabilisation (positive ou négative), qui peut susciter un inconfort momentané. Cette intrusion nous oblige à rompre avec l'ancien nous-même, celui qui ne savait pas, et peut donc être vécue comme une menace pour notre sécurité. Mais elle est en même temps un enrichissement, source de joie, de nouveauté, de dépaysement et de croissance où l'effort et le plaisir sont indissociables.
C'est un cercle vertueux : chaque fois que, sous l'effet de la motivation, nous nous risquons à apprendre, nous nous faisons confiance. En apprenant, en acquérant par la volonté les compétences et les savoirs dont nous avons besoin, nous prenons l'habitude de faire

6. *La Souffrance : Recherche du sens perdu*, Folio Gallimard, 1997.

grandir notre confiance. Comme l'a dit le champion olympique Jim Ryun : « *La motivation nous fait débuter, mais c'est l'habitude qui nous fait continuer.* » Ouvrir les yeux sur le vivant qui opère dans nos vies, y compris et surtout *via* nos erreurs, nous permet d'exercer nos possibilités créatrices : faire du neuf avec du vieux ! Apprendre de nos erreurs nourrit nos histoires riches et fait de nous des acteurs de nos vies.

TÉMOIGNAGE

Isabelle D., sophrologue à Paris
La confiance en soi se cultive par l'accumulation des expériences et des leçons que nous en tirons. Certaines situations peuvent ébranler la confiance en soi : il peut s'agir d'une situation très nouvelle ne permettant pas de faire référence à une expérience similaire, ou d'une situation faisant écho à une situation passée où l'expérience n'a pas été bien vécue et pas analysée de façon satisfaisante.
Il est important d'analyser ce qui a été positif dans l'expérience, comme ce qui a été plus difficile, ce que nous avons mis en œuvre, ce qui a été couronné de succès et ce qui pourrait être amélioré. On développe ainsi les compétences et les savoir-faire, ce qui contribue à nourrir la confiance en soi.
Un moyen de nourrir la confiance en soi est de se prêter volontiers à des expériences nouvelles dans des domaines et des situations variés, et de bien tirer les leçons de ces expériences.

Apprendre avec son corps

Les personnes qui souhaitent se faire davantage confiance ont souvent un point commun. Elles veulent changer les habitudes qui servent d'armature à leurs histoires pauvres et les éloignent de qui elles veulent être. Ces habitudes sont, par exemple :
• dans le paysage de la relation à soi, l'habitude de se sentir toujours fatigué, de ruminer, de douter de soi ;
• dans le paysage de la relation au monde, l'habitude de ne pas passer à l'action, l'habitude de l'indécision, l'habitude de tout vouloir savoir à l'avance ;

• dans le paysage de la relation aux autres, l'habitude d'être influençable, d'être méfiant, d'être susceptible.

En entretien, nous commençons souvent par explorer leur contexte général et particulier, comme nous l'avons fait au début de ce livre. Puis vient le moment de les accompagner dans la découverte leurs propres aspirations et de leurs désirs, en lien avec leurs choix existentiels : *En quoi cela ne vous convient pas ou plus ? Qu'est-ce que vous voudriez à la place ? Quelle personne voulez-vous être ? Comment voulez-vous vivre votre existence ?* Ces intentions deviennent le support de leurs ressources, la source de leurs qualités et de leurs compétences. Incarner ces valeurs préférées dans de nouvelles habitudes leur donne accès à une vie plus libre et plus riche, où leurs initiatives correspondent à leurs vœux.

Et vous, qu'aimeriez-vous apprendre ?

Rester son propre allié demande parfois plus d'apprentissages que de confiance en soi. Le corps est l'outil de cet apprentissage dans la mesure où apprendre comporte trois aspects complémentaires :

• la sensation ;
• l'émotion ;
• la pensée.

En quoi le lien entre sensations, émotions et cognitions est-il si fort ? Les sensations nous informent sur le monde en passant par nos cinq sens. Les émotions nous informent sur nos besoins et nos valeurs. Refoulées, les émotions perdent leur lien avec la pensée consciente et se retrouvent associées à la peur et au manque de confiance en soi, ce qui bloque l'accès à de nouveaux apprentissages. La pensée se développe à partir de l'expérience sensorielle et des réseaux de neurones. Même la pensée la plus abstraite a besoin de cellules nerveuses, des sens et des émotions pour se construire et se manifester.

L'Américaine Amy Cuddy, conseillère pédagogique à l'université de Harvard[7], est spécialiste de l'influence du langage corporel sur la confiance en soi. Elle affirme que nous gagnerions à feindre ce que

7. Auteure d'une célèbre conférence Ted que je vous recommande.

l'on veut être jusqu'à correspondre davantage à celui ou celle que nous désirons devenir. Pour Amy Cuddy, il ne s'agit pas de porter un masque pour manipuler nos interlocuteurs, mais de jouer à devenir ce qu'elle appelle une meilleure version de nous-mêmes. Ce n'est pas vis-à-vis des autres que nous devrions « faire semblant » d'avoir confiance, mais vis-à-vis de nous-mêmes. Par exemple, en nous faisant croire que nous avons suffisamment confiance en nous pour affronter une situation, nous sollicitons des qualités enfouies et nous les faisons émerger.

Elle décrit la confiance en soi comme l'influence que l'on pense posséder pour contribuer à ce que des situations se dénouent. Il s'agit de la conviction que nous saurons faire appel à nos talents et à nos compétences lors de situations stressantes. Par exemple, lorsque nous nous sentons stressés, notre dos se voûte, nos épaules se contractent et nous croisons les bras. Au contraire, lorsque nous nous sentons en sécurité, nous adoptons un langage corporel qui dégage de la puissance. Les recherches d'Amy Cuddy concluent que si l'esprit influence le corps, l'inverse est vrai aussi : le corps entraîne l'esprit : nous pouvons adopter des positions de confiance même quand nous ne nous sentons pas puissants.

Les résultats d'une étude de l'université du Kansas – publiée dans la revue *Psychological Science* – ont montré que sourire indépendamment du fait de se sentir heureux aide l'organisme à résister au stress et libère des neurotransmetteurs, les endorphines, qui régulent le cortisol et induisent une sensation de bien-être. De même, Amy Cuddy montre que nos attitudes confiantes – et non pas nécessairement « calmes » – envoient des signaux à notre cerveau et favorisent l'émergence de notre confiance en nous. Amy Cuddy suggère de commencer à s'entraîner simplement chez soi. « *Avant d'amorcer une conversation difficile, adoptez par exemple la pose de la victoire, avec les mains sur les hanches. En ouvrant votre cage thoracique, vos épaules, les paumes de vos mains, vous vous préparez à accéder au meilleur de vous-même. Votre moi confiant restera présent de plus en plus longtemps et vos interventions suivront votre langage corporel.* »

La confiance en soi continuera d'aller et venir – vous l'avez compris, il n'est pas possible, ni souhaitable, d'avoir confiance en soi 100 %

du temps. L'essentiel est d'accepter le fameux mouvement d'accordage-désaccordage-réaccordage qui est le signe de la vie en nous. Cette attention ponctuelle – il ne s'agit pas de se surveiller, mais de s'essayer de temps à autre à des gestes différents – a aussi l'avantage de nous rendre plus conscients des situations et des environnements qui nous font perdre notre accordage, et des actions qui nous aident à nous réaccorder.

UNE PAUSE-PANTIN, ET L'ACCORDAGE REVIENT !

Un coup de fatigue ou de doute ? Bouger active le sentiment d'être présent à soi… ou si vous préférez, favorise le réaccordage ! J'ignore ce qu'en penserait Amy Cuddy, mais j'aime beaucoup faire des pauses-pantin : debout au milieu de la pièce, je sautille légèrement d'un pied sur l'autre en laissant ma tête dodeliner, mes jambes et mes bras suivre le mouvement, comme si j'étais une poupée de chiffon agitée en tous sens. Le sourire revient presque automatiquement, l'énergie aussi !

Apprendre : les variations de la confiance

Nous oublions souvent que, dans certains cas, par exemple en contexte d'apprentissage, le manque de confiance en soi est une réponse tout à fait adéquate face à une situation. C'est parce que nous savons que nous ne savons pas que nous pouvons nous ouvrir à une connaissance nouvelle. Ce qui va nous permettre de nous engager dans l'apprentissage, c'est-à-dire, fatalement, dans une séquence d'essais-erreurs, c'est un manque de confiance en soi ponctuel, couplé à une estime de soi suffisante.

Apprendre est un processus dont le cycle est composé de quatre étapes dont nous n'avons pas souvent conscience.

1. **Je ne sais pas que je ne sais pas** – C'est la phase d'incompétence inconsciente : la personne ignore qu'elle ne possède pas cette compétence. Elle ignore même peut-être que cette capacité existe.
2. **Je sais que je ne sais pas** – La personne devient consciemment incompétente : position très inconfortable ! On sait qu'il nous

manque quelque chose (la confiance en soi, soi-disant !), on ressent donc une insécurité.

3. Je sais que je sais – La personne s'engage pour acquérir la compétence requise. C'est la phase de la compétence consciente, de l'application, des efforts. Le fait d'être débutant s'accompagne parfois d'un sentiment de peur de l'échec, du moins au début.

4. Je ne sais plus que je sais – C'est le stade de la compétence inconsciente. La personne a complètement intégré sa compétence, elle n'y fait plus attention.

La capacité à décrire et à comprendre nos processus d'acquisition de l'apprentissage s'appelle la métacognition. En quoi est-ce utile ? Cela nous permet d'une part d'apprécier les résultats de nos efforts – savoir où nous en sommes nourrit notre sentiment d'efficacité personnelle, source de confiance en soi –, et d'autre part d'améliorer et d'affiner nos compétences acquises. Tout ce qui nous rend plus présents à nous-mêmes, au monde et aux autres améliore notre sentiment de sécurité et de confiance.

Quand nous habitons notre for intérieur, nous ressentons une sécurité qui peut s'exprimer ainsi : « Je n'ai rien à faire de spécial pour être important en tant qu'être humain. » Quelle que soit notre position sociale ou hiérarchique, quels que soient nos diplômes ou notre absence de diplôme, l'état de notre compte en banque, nos échecs et nos réussites, notre âge, notre apparence physique, notre handicap visible ou caché, nos chances et nos blessures, notre santé ou nos maladies, nous sommes importants du fait même d'exister comme êtres humains. Mais une chose est d'en être convaincu pour les autres et pour le genre humain en général, une autre est d'en éprouver la certitude pour soi, surtout dans une société de la performance normative, où la dignité même de l'être humain en arrive à être fortement associée :

• à la visibilité normative de nos succès qui favorise regrets, amertume et comparaison sociale : « Ai-je un parcours sans fautes ? » ;

• au fait d'avoir une situation, une santé et un corps conformes et désirables : « Suis-je enviable ? » ;

• à une course à la compétitivité qui encourage des projections anxieuses : « Comment vais-je y arriver ? »

Quand nous avons reçu de notre éducation, et plus largement des expériences de la vie, la permission de sentir les choses à notre façon, d'avoir un avis différent des autres, d'éprouver des émotions bien à nous, et de réaliser de petites productions sans encourir de moqueries répétées, alors il est plus facile à l'âge adulte de prendre au sérieux nos perceptions et nos émotions, mais aussi nos pensées, nos opinions et nos réalisations. Non qu'elles soient parfaites, mais parce qu'elles résultent d'une intention respectable. Une juste estime de soi permet aussi de s'engager dans des projets et d'en accepter les éventuels revers avec sérénité.

	ACCORDAGE EN LIEN AVEC L'ESTIME DE SOI **Valeur personnelle, image de soi** **Connaissance de soi**	**ACCORDAGE EN LIEN AVEC LA CONFIANCE EN SOI** **Confiance en ses capacités et ses ressources personnelles**
Relation à soi	J'aime être en ma compagnie. Je reconnais mes besoins, mes émotions, j'apprécie mes valeurs. J'ai une bonne image de moi.	Mes valeurs et mes intentions me donnent de la force.
Relation au monde	Je connais mes limites. Je suis capable d'ouverture à la nouveauté, à l'inconnu. Je tolère les difficultés. J'accepte les obstacles.	Je peux être autonome, changer, oser. J'ai les ressources pour faire face à cette situation. Je suis capable d'y arriver. J'apprends de mes erreurs. Je peux m'adapter.
Relation aux autres	En général, je suis plutôt à l'aise avec les autres. Je ne me compare pas sans arrêt à eux. J'accepte les critiques. J'ai de la considération pour les autres.	Je suis capable d'humour et d'indulgence. Je peux accorder ma confiance à l'autre. Je peux m'affirmer, dire oui, dire non. Ni les critiques, ni les compliments ne m'ébranlent beaucoup.

La confiance que nous ressentons et manifestons dans notre relation au monde passe par nos réussites, mais aussi et surtout par nos échecs surmontés, et par toutes les grandes et petites initiatives que nous prenons jour après jour, sans toujours nous en rendre compte, afin de nous mettre au service de nos aspirations.

TÉMOIGNAGE

Séverine, maroquinière
La confiance en soi, pour moi c'est de connaître mes limites et mes points faibles aussi bien que mes points forts et de les accepter, voire d'en jouer.
Lors de ma recherche d'emploi dans la maroquinerie, à la suite d'une reconversion professionnelle j'ai accepté de repartir de zéro dans une nouvelle branche. Mes points forts (mon expérience de 10 ans de free-lance *dans le design, mes compétences de gestion de dossier, de budget, de planning, mes diplômes) pouvaient faire peur aux recruteurs pour un poste d'ouvrier. Ils avaient tendance à penser que j'allais vouloir évoluer vite et ne pas accepter d'avoir un supérieur.*
Parce que j'avais confiance en mon projet et en ma volonté d'y arriver (et donc en moi), j'ai réussi, en dépit de mon tempérament réservé, à argumenter et à les convaincre que j'étais prête à en accepter les désavantages transitoires, car j'étais sûre de ce que je voulais. (Suite : voir p. 171)

Philippe est un manager de transition de 49 ans. Lorsqu'il se présente lors de notre premier entretien, je suis frappée par sa cordiale poignée de main et par son sourire tranquille, alors que je connais déjà les grandes lignes de sa situation. Veuf depuis un an à la suite d'un accident de voiture, il est en recherche d'emploi depuis près de trois ans. Du fait d'un léger handicap de la hanche depuis cet accident, ses démarches sont rendues plus difficiles. Quand je l'interroge sur ce qui l'aide à faire face, il me parle de sa longue expérience de pompier volontaire. Sur le terrain, il a appris par exemple à adapter immédiatement les moyens techniques à la nature de l'accident. Cette expérience, reconnaît-il, a sans doute une place importante dans sa façon d'aborder cette période douloureuse. Il puise dans ses souvenirs à la fois des ressources pour tenir le coup face au chômage et une capacité de résistance pour faire face à la sensation de vide familial, professionnel, social, et même existentiel qu'il ressent parfois. Sa hanche ne lui permettant plus d'agir sur le terrain en tant que pompier volontaire, il a décidé de passer le monitorat de secourisme et de former des jeunes. Transmettre ce qu'il connaît et ce en quoi il croit lui donne de grandes satisfactions sur le plan professionnel, mais aussi humain. Comme moniteur, il reconnaît qu'il est apprécié pour sa patience et sa précision. Aux dires de ses élèves, il transmet sa passion et les met en confiance. À la fin de l'entretien, Philippe conclut avec un sourire : « *Finalement, c'est ma façon d'être fidèle à ma devise préférée, celles des sapeurs-pompiers : "Sauver ou périr." En fait, elle a guidé toute ma vie jusqu'à aujourd'hui. C'est quasiment tout ce qui me reste, mais ça me permet de garder le cap et d'y croire encore.* »

L'exemple de Philippe illustre la façon dont s'entrelacent dans nos expériences les différentes dimensions de la confiance. Il puise sa confiance dans ce qu'il connaît de sa capacité à agir, à décider, et dans son adaptabilité, éprouvée par des années de secourisme. Mais à côté de sa confiance dans ses compétences, on peut déceler la place importante que tiennent dans sa vie les valeurs identitaires de ténacité, de résistance et de fidélité.

La confiance en soi se tisse dans nos vies par notre relation au monde, non seulement *via* nos contributions, notre façon d'être, nos compétences et nos ressources, mais aussi par la possibilité que nous partageons tous, quels que soient notre origine, notre âge, nos diplômes, notre statut social, notre formation, nos chances et nos épreuves, d'agir en lien avec les principes de vie qui nous sont chers et de construire, comme Philippe, un contexte qui soit un écrin pour nos valeurs.

Relation à soi, relation au monde. Notre confiance se déploie aussi et surtout dans un troisième axe, celui de la relation aux autres.

Les dimensions de la confiance

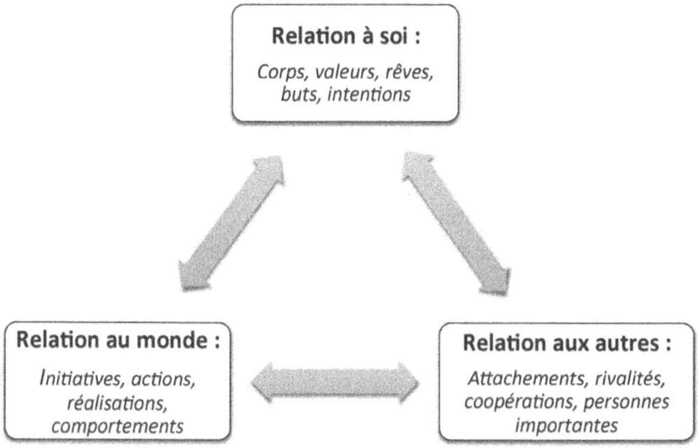

Dans l'action : Je me fais confiance quand je donne vie à mes intentions.

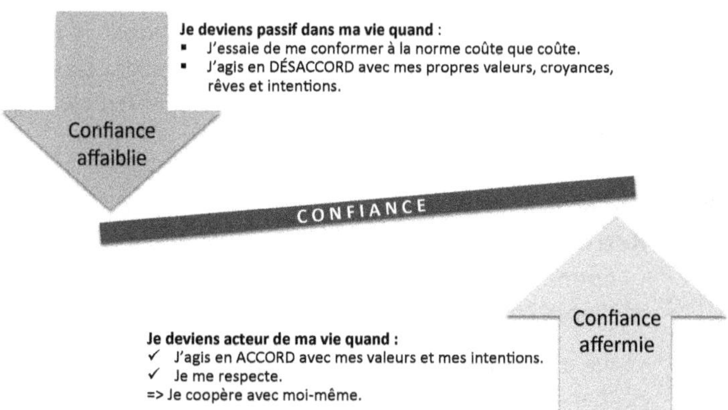

La société de la performance nous invite à toujours nous dépasser, à aller au-delà de nous-mêmes, à être à la hauteur des attentes. Si cette surenchère est très stimulante par certains aspects, elle fait aussi peser une très grande pression sur chacun. La « peur de ne pas y arriver » fait irruption dans nos vies et prend des proportions épidémiques : on finit par se retourner contre soi-même (se désaccorder), par s'en vouloir et par tomber dans le piège de la culpabilité. Alors que faire ? Accepter nos limites, faire preuve d'humour vis-à-vis de nous-mêmes, arrêter de vouloir tout contrôler de nos vies et de croire que tout dépend de nous. Accepter nos fragilités nous permet de quitter le monde la performance obligatoire pour entrer dans le monde de la vie et de l'action, en accord avec nos intentions, et en lien avec ceux qui nous sont chers.

Se montrer dans ses talents et dans ses faiblesses, accueillir le regard de l'autre, c'est d'abord s'accueillir soi-même. Le contrôle, c'est la recherche de la fixité, c'est-à-dire l'inverse de la confiance. M. de Certeau souligne avec justesse : « *S'il n'arrive que ce que je veux, il n'y a plus d'Autre dans ma vie.* » La confiance est un processus dynamique et relationnel : c'est le fait d'être en relation qui me distingue comme singulier, qui me permet de grandir par la rencontre avec tout ce qui ne vient pas de moi. L'interdépendance caractérise la façon d'être au monde de l'être humain : nous avons besoin les uns des autres. Retrouver la confiance en soi, c'est donc aussi risquer la confiance en l'autre.

À partir du moment où nous devenons capables d'affirmer : « Je fais ce que je peux, l'autre fait ce qu'il peut », nous devenons capables de coopérer les uns avec les autres et de construire ensemble.

Clé n° 5
Retrouver le goût d'agir

- Commencer par agir pour mobiliser et alimenter la confiance en soi.

- Face à un échec, rebâtir sa confiance en soi à l'aide de la confiance des autres et par l'action.

- Utiliser le corps comme une ressource et un allié pour renforcer la confiance en soi.

- Accepter les variations naturelles de la confiance en soi.

PARTIE III

DÉVELOPPER LA CONFIANCE EN SOI DANS LA RELATION AUX AUTRES

Il faut avoir assez d'estime de soi, c'est-à-dire de sentiment que nous aspirons (malgré tout) à une « vie bonne » pour pouvoir répondre à l'appel ou à l'injonction d'autrui et dire : « Me voici ! »

Olivier Abel[1]

1. *In* Olivier Abel, *Paul Ricœur. La promesse et la règle*, p. 58.

Clé n° 6 : Notre confiance grandit dans le lien à l'autre

Tout ce qui me touche vient à ma conscience – à commencer par mon nom – depuis le monde extérieur, en passant par la bouche des autres avec leur intonation, leur tonalité émotionnelle et leurs valeurs. Initialement, je ne prends conscience de moi qu'à travers les autres : c'est d'eux que je reçois les mots, les formes, la tonalité qui forment ma première image de moi-même.

Mikhaïl Bakhtine

La confiance en une dynamique : lorsqu'on a confiance en soi, on se donne plus facilement la possibilité de s'ouvrir aux autres et de bâtir un projet commun. Le mouvement inverse est encore plus vrai : lorsque nous créons des liens, c'est-à-dire quand nous acceptons les autres comme ils sont et croyons en eux, notre confiance en nous-mêmes devient plus vivante encore. Toute relation humaine est donc fondée sur la capacité de chacun à prendre le risque de la déception, de la trahison, mais aussi de l'interdépendance qui fait grandir. Sans confiance, point de relations humaines.

Être soi-même au milieu des autres

Les permissions de la confiance

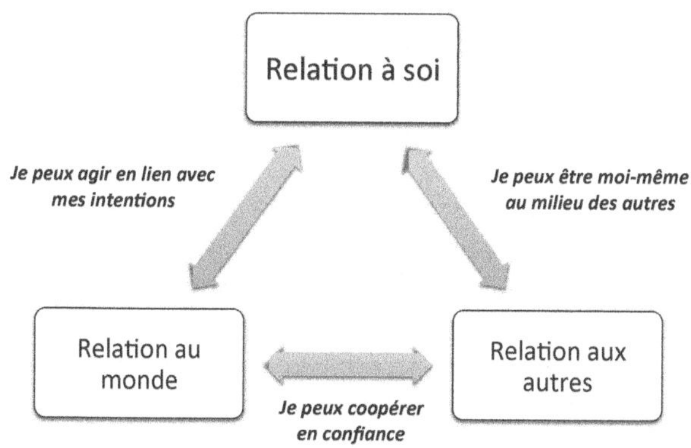

Estime de soi et relations

Notre confiance relationnelle relève de du troisième axe de notre identité, le plus essentiel : la relation aux autres. Dans la relation aux autres s'inscrivent les relations de rivalité et de méfiance, les relations d'usage qui ne sont jamais neutres, mais aussi et surtout les liens passés et présents sur lesquels se fonde notre confiance relationnelle.

La personne qui a une mauvaise estime d'elle-même craint le jugement d'autrui, au point de venir à manquer également de confiance en l'autre : non qu'elle le juge, mais parce qu'elle a tendance à en avoir peur. Son engagement limité dans des relations vivantes la prive d'opportunités et d'expériences qui pourraient être des occasions de constater... qu'elle pourrait, en faisant confiance, apprendre à *se* faire confiance.

Il est impossible d'expliquer de façon définitive pourquoi telle ou telle personne jouit d'une juste estime de soi, ou pas. Même si, nous l'avons vu, la résilience des enfants leur permet de surmonter d'éventuelles maladresses éducatives, les figures parentales semblent jouer un rôle important. En la matière, rien n'est donc définitif. Par exemple, le fait d'être accepté comme l'on est dans l'enfance aide certainement à s'accepter soi-même une fois adulte, et à poser des choix différents sans craindre le rejet.

Avoir une juste estime de soi, c'est connaître et considérer nos limites avec respect. Par exemple, les réponses que nous donnons à deux questions comme : « Comment me vois-je ? » ou : « Qu'est-ce que j'aime dans ce que je vois de moi-même ? » nous indiquent aussi comment nous positionner avec justesse dans la relation à l'autre. En nous rendant davantage attentifs à nos priorités, l'estime que nous nous accordons nous rend capables de prendre position et dire de vrais *oui* et de vrais *non*. Oui à qui ? À soi-même, dans le paysage de l'identité constitué de nos limites, mais aussi de nos valeurs personnelles, de nos pensées et de nos émotions. Non à quoi ? Aux opinions, initiatives, attitudes ou situations qui pourraient être en discordance avec nos principes de vie, mais aussi à toute personne dont le positionnement traduirait mépris ou manque de considération.

TÉMOIGNAGE

Séverine, maroquinière
(Suite de la p. 161)
Lors d'un recrutement – très sélectif – en maroquinerie on passe forcément par l'étape des « tests pratiques » qui permettent au recruteur d'évaluer la main du candidat. Étant très jeune maroquinière, issue d'une formation accélérée pour adulte, je savais que je risquais de tomber sur des candidats plus expérimentés.
Lors du test on a proposé une démonstration de l'exercice à réaliser. Aucun volontaire ne s'est présenté. Je savais que cet exercice n'était pas mon point fort, mais j'ai accepté de l'admettre et j'ai demandé à faire la démonstration. Je n'ai pas eu peur de passer pour moins expérimentée que les autres. J'ai préféré miser sur le fait que j'allais être évaluée comme une débutante et donc de façon plus équitable. J'ai accepté mes points faibles et je les ai utilisés à mon avantage.
À la suite de ces tests (et de quelques entretiens), j'ai été recrutée. Une fois à mon poste, quand j'ai douté de mes compétences, j'ai su demander de l'aide. J'ai réussi à trouver un équilibre entre ne pas trop demander de l'aide (me dire : « Fais-toi confiance, tu sais réaliser cette tâche ») et demander de l'aide quand c'était vraiment nécessaire plutôt que de faire une erreur. En maroquinerie, une erreur peut envoyer la pièce à la poubelle. Il faut réussir à se faire suffisamment confiance pour avancer et progresser, tout en connaissant ses limites, en acceptant qu'on ne devient pas maroquinier en quelques jours.
La majorité des maroquiniers expérimentés le savent et aiment transmettre. Je travaille avec des maroquiniers qui ont 30 ans de carrière, mais qui ont toujours réalisé les mêmes tâches et ne savent absolument pas en réaliser d'autres. Ça m'aide probablement à admettre mes propres lacunes !

S'affirmer n'est pas prendre le pas sur l'autre, impressionner les autres, s'en faire estimer, faire valoir son opinion, ni l'emporter dans une discussion. On valorise beaucoup en entreprise les qualités dites d'« assertivité ». D'après les personnes que j'accompagne et que j'ai interrogées, l'assertivité est souvent comprise comme la faculté de pouvoir se sortir par le haut de toute situation relationnelle qui deviendrait problématique. Je tiens à souligner ici que cette qualité n'existe pas.

La véritable affirmation de soi se manifeste simplement quand nous nous sentons responsables de ce que nous montrons à voir de nous-mêmes. Quand nous sommes capables d'exprimer ce que nous ressentons ou désirons, nous devenons également capables de nous tourner vers les autres et de prendre notre juste place. S'affirmer avec justesse dans une relation, c'est se donner à soi-même et donc donner à l'autre la permission d'essayer, de commettre des erreurs et de les reconnaître, de demander, d'être ou de ne pas être d'accord, de marquer si besoin son désaccord, et finalement d'être soi-même au milieu des autres avec ses préférences, ses priorités et ses besoins.

Il n'existe pas – et heureusement ! – de techniques pour acquérir une confiance en soi définitive, que ce soit vis-à-vis de soi-même, du monde ou des autres. Nous pouvons en revanche apprendre à reconnaître nos propres opinions, ressentis et désirs, ce qui nous engagera à mieux accepter ceux des autres et à en apprécier les apports. De même que nous avons parfois du mal à passer à l'action, quand nous avons perdu le lien avec nos buts, de même, il nous est parfois difficile d'affirmer notre désaccord, tout en gardant à l'esprit que notre vision de la réalité est… une vision parmi d'autres. Là aussi nous pouvons prendre l'habitude de préciser nos priorités dans un projet. Quel désavantage percevons-nous ? Quels critères nous semblent erronés ?

Nous manifestons que nous sommes bien reliés à nos priorités quand nous parlons en notre propre nom. C'est ce qu'on appelle le message « je ». Il s'agit d'exprimer ce que nous vivons sans impliquer notre interlocuteur ou la situation, mais en en prenant la responsabilité. Par exemple, plutôt que de dire : « Ici, untel/tout le monde a l'air de penser que… », nous pouvons rester davantage en relation avec nos valeurs en les exprimant directement par : « Je pense que ». Cette simple habitude a l'avantage de nous faire économiser beaucoup d'énergie. En effet quand nous interprétons les intentions des autres, et cherchons à les contrer en cas de désaccord, nous perdons de vue nos propres priorités et notre spontanéité. En revanche, dire « Je » nous aide à rester accordés à nos préférences de vie.

Nous sommes alors naturellement plus enclins à passer à l'action et à coopérer avec les autres.

La reconnaissance, un surcroît d'existence

Un autre aspect entre en ligne de compte. Dans son ouvrage *Petits deuils en entreprise*, J. A. Malarewicz définit la reconnaissance comme « *l'ensemble des informations qu'une personne peut recevoir de son entourage et qui lui permettent de trouver un surcroît d'existence* ». Il relie ce besoin de reconnaissance à l'individualisme qui règne dans notre contexte culturel et professionnel : « *Chacun est devenu plus exigeant quant à ce qu'il reçoit des autres.* »
Qu'est-ce qu'exister un peu plus dans la relation avec l'autre ? C'est laisser la reconnaissance circuler de moi aux autres, et des autres à moi, dans un flux à la fois fragile et complexe. Les « signes de reconnaissance » ou *stroke* (en anglais : coup, caresse) sont les aliments psychologiques privilégiés des êtres humains, car ils répondent à leurs besoins sociaux. Un « Signe de reconnaissance » peut être positif (compliment) ou négatif (critique), conditionnel (sur la façon de faire) ou inconditionnel (sur la personne elle-même). L'analyse transactionnelle[2] les définit comme des messages physiques, verbaux (paroles) et non verbaux (regards, gestes, ton de voix), par lesquels nous indiquons aux autres comment nous les considérons. Certains modes de reconnaissance sont universels comme les regards, et les rituels de politesse. D'autres diffèrent d'une personne à l'autre : l'une sera sensible aux compliments sur la qualité de son travail (Signe de reconnaissance conditionnel positif, lié à la tâche et à la performance), l'autre au fait de se sentir apprécié en tant que personne (Signe de reconnaissance inconditionnel, lié à l'être). Pour circuler, les signes de reconnaissance doivent nécessairement être à la fois donnés et reçus. Il suffit que l'un des deux interlocuteurs pour une raison ou pour une autre, s'en estime lésé ou le refuse pour que le flux s'interrompe.

---

2. Méthode de compréhension et d'analyse des comportements et des relations, développée dans les années 1950 par Eric Berne aux États-Unis, aujourd'hui utilisée dans le monde entier.

La circulation des signes de reconnaissance emprunte des chemins variés : on peut donner et se donner à soi-même des signes de reconnaissance, en recevoir, en demander ou au contraire en refuser. Recevoir la reconnaissance des autres nous est tellement indispensable que, de même qu'un homme affamé est prêt à rechercher de la nourriture dans une poubelle, lorsque nous manquons de reconnaissance, nous sommes prêts à recevoir des Signes de reconnaissance négatifs plutôt que de subir l'indifférence. Cela permet de voir autrement certaines attitudes perçues comme pénibles... Voir l'intention derrière le comportement n'est pas toujours résolutoire, mais nous aide au moins à ne pas identifier un être à ses actes. Je peux certes blâmer l'action, tout en continuant à respecter la personne. Saine (et sainte ?) prudence...

Les signes de reconnaissance

Signe de reconnaissance	Positif	Négatif
Conditionnel **Intensité : faible à moyenne**	Je te complimente parce que tu as réussi « J'ai trouvé ton intervention a été vraiment efficace »	Je te critique parce que tu as raté « Selon moi, tu n'as pas respecté ta parole »
Inconditionnel **Intensité : forte à très forte**	Je t'aime comme tu es, parce que tu es toi « Je te trouve formidable » « J'aime être avec toi »	Tu m'es indifférent Je ne t'aime pas « Je n'aime pas quand tu es là »

• Les Signes de reconnaissance conditionnels

Négatifs, ils peuvent nous aider à progresser : « Ton introduction était trop longue. La prochaine fois, va directement à l'essentiel. » Positifs, ils contribuent, et c'est important, à asseoir notre confiance dans tel ou tel domaine d'action : « J'ai vraiment apprécié ta proposition pour relancer l'activité du service. »

- **Les Signes de reconnaissance inconditionnels**

Ils sont plus rares, surtout dans la vie professionnelle. Mais ils ont un impact très fort. Positifs, ils justifient l'existence même de la personne. C'est un don rare et précieux. Négatifs, ils sont très violents pour la personne qui les reçoit, même exprimés par un regard malveillant ou un refus de dire bonjour. Il est utile d'apprendre à refuser d'accorder du crédit à un Signe de reconnaissance négatif inconditionnel gratuit ou blessant.
Il existe à ce sujet un conte japonais éloquent.

- **Conte japonais**

Des écoliers avaient pour habitude d'insulter, chaque fois qu'ils passaient devant lui, un vieux moine zen qui méditait chaque jour au bord du chemin. À un écolier penaud venu finalement s'excuser, et qui s'étonnait que le moine ne s'agaçât jamais de ces attaques, ce dernier lui répondit : « Que fais-tu si quelqu'un te tend un objet dont tu n'as pas l'usage, ou que tu ne veux pas ? » « Eh bien, je ne le prends pas », remarqua l'écolier. « Que fait alors le donateur ? » demanda le sage. « Eh bien, il repart avec son objet », répondit l'enfant. « C'est sans doute pourquoi tu sembles souffrir des injures et des grossièretés que vous avez proférées. Quant à moi, rassure-toi, je n'ai pas été accablé. Cette violence que vous me donniez, il n'y avait personne pour la prendre », répondit le sage.
Il s'agit là d'un conte. Dans la vraie vie, il est difficile de faire totalement abstraction de l'attitude d'un autre être humain à notre égard, quel qu'il soit. Balzac disait : « *Toute souffrance est légitime*. » Bien sûr, nous souffrons si quelqu'un vient à nous manquer de respect. Mais ce conte a le mérite de nous faire comprendre quelque chose d'essentiel, qui peut nous aider à changer notre perception : si nous nous sentons mal face au manque de considération, ce n'est pas parce que celui qui en est l'auteur a raison, mais parce que notre valeur de respect est bafouée.
Positifs, les Signes de reconnaissance inconditionnels confirment la personne dans sa valeur, dont nous voyons à quel point elle est médiatisée par l'autre. Dans l'entreprise, ils sont toujours révélateurs

d'une solide confiance, qui s'exprime souvent dans les faits par une délégation : « Je suis heureux de pouvoir m'appuyer pleinement sur vous. À compter de ce jour, je vous délègue la négociation de tous les contrats. » Ils s'expriment aussi par des avantages matériels comme l'octroi d'une formation, la taille d'un bureau, une voiture de fonction, l'inclusion dans un comité de direction.

Faute d'un amour de soi suffisamment étayé, nombreux sont ceux qui cherchent à obtenir une reconnaissance inconditionnelle, c'est-à-dire une assurance au sujet de leur valeur en tant que personne, en accumulant comme autant de trophées les actions qui leur vaudront des gratifications et des compliments. Elles orientent alors leurs actions vers ce qu'elles pensent « devoir » faire, vers ce qui leur paraît conforme aux attentes « des autres », à ce qui leur semble être bien perçu dans la société.

Tant que nous ne nous acceptons pas nous-mêmes comme nous sommes, et que nous cherchons à « tout gérer », à contrôler (ou lisser ?) nos émotions et notre image, notre quête de l'approbation des autres sera une poursuite sans fin, car, quelle qu'elle soit, elle correspondra toujours à une image erronée de nous-mêmes. En revanche, notre sécurité intérieure (support d'une juste estime de soi) se consolide chaque fois que nous agissons non pas en nous conformant coûte que coûte aux intentions des autres, mais en respectant nos véritables valeurs personnelles ; non en se demandant : « Que dois-je faire ? », mais : « Qui veux-je être ? » Il s'agit d'adhérer à la fois au réel externe (les situations) et au réel interne (nous-même) : dire oui à ce que nous sommes.

Nous n'avons pas toujours reçu – dans notre vie familiale ou professionnelle – la reconnaissance dont nous aurions eu besoin. Dans son ouvrage *La Fin de la plainte*, le philosophe et thérapeute François Roustang invite, pour aller bien, à cesser les ruminations liées au passé. Vouloir que quelque chose n'ait pas eu lieu est vain et source de désaccordage : « *Plus nous nous plaignons, plus nous souffrons, car la plainte entretient la souffrance* », rappelle-t-il dans un entretien au magazine *Psychologies*[3]. Nous ne pouvons pas changer le passé, mais nous pouvons reconnaître et prendre acte

3. Juillet 2009.

de la souffrance vécue. Une fois cette souffrance acceptée comme ayant eu lieu, on devient capable de la dépasser, de tourner le dos à ses habitudes de ruminations, pour voir les sources de reconnaissance et de bonheur possible qu'offre le présent : investir sa relation au monde et aux autres *via* son travail et sa vie affective. Comment faire pour me rendre disponible au réel actuel ? Agissez et vous inventerez une foule de solutions que vous n'entrevoyez même pas ! *Essayez de vous dire : « Je vais bien. Il y a en moi quelqu'un qui va bien et auquel je n'accorde pas une attention suffisante.* », suggère encore F. Roustang. Cette attention à soi et aux autres est source de reconnaissance, de gratitude et de confiance dans la vie.

• Petit éloge du merci, un signe de reconnaissance bon pour la confiance en soi !

De nombreux auteurs chantent les bienfaits de la gratitude pour la santé comme pour les relations. Mais en quoi dire « merci » est-il bon pour la confiance en soi ? Exprimer sa gratitude nous rend heureux car cela nous apprend à porter notre attention sur ce que nous recevons d'agréable ou de positif des autres, ou de la vie. Or, ce à quoi nous accordons de l'attention prend davantage de place dans nos vies.

« Merci » est le mot qui résume le mieux selon moi la dimension relationnelle de l'identité et de la confiance en soi. C'est un mot gratuit, spontané (du moins le devient-il avec le temps !), qui nous rappelle cette chose d'extraordinaire : l'autre a fait quelque chose de bon pour moi, ou encore : la vie est bienfaisante pour moi. « Merci » est l'expression du fait que nous enracinons nos sentiments de confiance, d'amitié et d'amour dans le don. La confiance dans nos relations s'épanouit dans la gratitude, issue de menues attentions, de moments d'écoute, de services rendus, de solidarités quotidiennes. « Merci » vient du latin *mercedes* qui désignait le prix, la faveur qu'on accordait à quelqu'un en l'épargnant. Ainsi, dire « merci » est encore aujourd'hui teinté de cette notion : je reconnais la valeur que l'autre – ou la vie – m'accorde en agissant ainsi avec moi.

À ce titre, je crois utile de partager avec vous les « *Trois questions pour une vie heureuse*[4] » de Luc Isebaert, dont j'ai observé les bienfaits sur les personnes que j'accompagne. Selon lui, le bonheur est une attitude très simple de gratitude envers la vie. On peut construire du bonheur et de la confiance si l'on peut faire des choses qui nous ressemblent, desquelles on peut être fier ou content, et si l'on peut être reconnaissant simplement pour ce que l'on a. Afin d'exercer cette attention et cette confiance, il propose de se poser ces trois questions chaque soir.

QUESTIONNEZ-VOUS…

« Trois questions pour une vie heureuse »

- Qu'ai-je fait aujourd'hui, dont je peux être satisfait ou content ? Je peux trouver la plus petite chose possible, même insignifiante, cela activera les mêmes circuits neuronaux. Il y a toujours quelque chose dans la journée dont on peut être content.
- Qu'est-ce que quelqu'un d'autre a fait aujourd'hui, dont je peux être content ? Quelle est l'action de cette personne ? Ai-je réagi de telle manière que cette personne recommencera à l'avenir ? Comment puis-je lui faire savoir que ce qu'il a fait m'a touché ?
- Que puis-je voir autour de moi, que puis-je sentir, entendre, que puis-je goûter, ressentir, que j'aime bien, dont je peux être content en cet instant ?

Sortir des escalades de rivalité et des conflits stériles

Jouer à qui perd gagne

Le triangle dramatique de Karpman est l'un des concepts d'analyse transactionnelle les plus connus et les plus utilisés dans le monde du travail. Il souligne le fait que, dans toute tragédie, comme dans tous les contes de fées, les acteurs se répartissent trois rôles principaux qui vont permettre tous les renversements dramatiques,

4. Luc Isebaert et M-C. Cabié, *Pour une thérapie brève*, Erès 2015.

auxquels sont associés des changements émotionnels : le rôle de Persécuteur, le rôle de Victime, le rôle de Sauveteur. L'explication qui suit doit beaucoup à Daniel Chernet, qui m'a autorisée à vous en donner ici une présentation simplifiée. Qu'il en soit ici chaleureusement remercié[5].

Il y a « jeu » psychologique dès lors qu'il y a changement de rôle au cours d'un échange verbal ou non verbal. Le triangle dramatique permet d'observer comment se nouent les conflits stériles, où chacun perd confiance à la fois en ses propres ressources et en l'autre : la méfiance et la rivalité prennent le dessus.

Nous prenons tous part sans le vouloir à des jeux, pas seulement... les autres !

- Le Persécuteur (P) est le « méchant » de l'histoire. Il humilie les autres par ses critiques sournoises, fait pression sur eux. Le Persécuteur, en entreprise, impose par exemple des règles inutilement dures, il juge négativement au lieu d'évaluer, il pratique l'humiliation, fixe des objectifs peu clairs...
- La Victime (V) se laisse faire, se dévalorise, met en avant ses défauts, les erreurs qu'elle a commises en cherchant souvent à les justifier. Elle inspire parfois de la pitié, mais n'est pas tout à fait neutre dans la situation : sans la Victime, le Persécuteur n'aurait plus de pouvoir. Dans l'entreprise, la Victime a du mal à tirer parti des remarques, même constructives, car elle ne voit pas sa part de responsabilités. Elle ne tient pas ses engagements, se trouve des excuses en attendant que les choses changent d'elles-mêmes : « Tant que mon patron ne sera pas plus attentif » ; « Tant que nous n'aurons pas plus de moyens »... Le « rôle » de Victime ne doit jamais être confondu avec le « fait » de se trouver réellement victime d'événements, d'accidents ou d'abus, situations qui nécessitent une aide pour en sortir.
- Le Sauveteur (S) : Pour assouvir son propre besoin de se sentir supérieur, il impose son aide à des personnes qui ne lui ont rien demandé, et dont il attend de la reconnaissance en retour. Ce faisant, le Sauveteur méconnaît la capacité de l'autre à penser et à agir par lui-même. Par exemple, il se montre excessivement

5. Pour aller plus loin : journal-coach.blogspot.fr

serviable, mais écrase l'autre sous le poids d'une aide imposée et inadéquate.

Les rôles tournent, chacun les endosse tour à tour : le Persécuteur devient Victime, la Victime devient Sauveteur, le Sauveteur devient Persécuteur, etc., ce qui donne sa dynamique à l'intrigue. Dans *Le Petit Chaperon rouge*, par exemple, nous avons trois personnages : le Chaperon rouge, le Loup, et la Grand-mère. Le Chaperon rouge est d'abord Victime du Loup, qui est le Persécuteur de la Grand-mère ; puis le Loup, de Persécuteur, devient à son tour Victime des chasseurs, eux-mêmes Sauveteurs du petit Chaperon rouge.

S. Karpman montre que les jeux psychologiques que nous jouons dans les couples et les groupes suivent le même enchaînement. Il a ainsi symbolisé ces jeux sous la forme du triangle dramatique. On n'est jamais seul dans le triangle : chaque fois que quelqu'un « joue », il adopte d'abord l'un des rôles du triangle dramatique, puis en change au fur et à mesure que se déroule le conflit avec ses « partenaires ». Ce modèle du triangle est très utile pour étudier les dynamiques relationnelles stériles et insatisfaisantes.

Persécuteur, Sauveteur, Victime... ou acteur ?

Apprendre à nous responsabiliser peut nous aider à nous tenir à l'écart de ces rôles. Par exemple, en prenant la responsabilité des causes de nos réussites et de nos échecs, nous développons un état d'esprit plus engagé et plus optimiste. L'échec n'est plus la faute des autres ou de la situation. Nous nous acceptons nous-mêmes avec nos qualités et nos défauts, et les autres aussi.

Chaque fois que nous attribuons nos échecs à une causalité contrôlable : « Je n'ai pas assez préparé cette présentation », « Je n'ai pas pris le temps de négocier suffisamment », « J'ai besoin d'une précision sur ce point du programme », « J'ai réagi trop rapidement, ça peut changer si j'apprends à écouter », il nous devient plus facile de reconnaître nos points forts par ailleurs : « Je suis capable de bien faire dans de nombreux domaines. »

Quand je suis acteur de ma vie, j'attribue ma réussite à une cause interne : « C'est grâce à mon travail et à mes efforts » plutôt qu'à la chance. Plutôt qu'une réussite instable ou limitée dans le temps

– « C'est un coup de chance, ça ne se reproduira pas » –, je vois dans ma réussite une conséquence logique : « Je suis doué pour tout ce qui concerne l'innovation. »

Le Triangle Dramatique : comment s'en tenir à l'écart ?

Face à un Persécuteur

- Conservez une vision positive (+/+) de vous-même et de votre interlocuteur : quel manque son attitude manifeste-t-elle?
- Ecoutez, prenez votre temps.
- Restez le plus neutre possible (nous nous sabotons souvent sans le savoir en réagissant trop vite).
- Acceptez de reconnaître votre point vulnérable touché par le conflit.

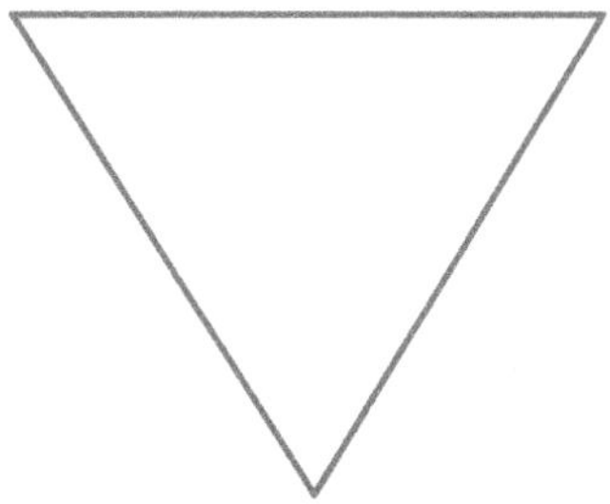

Face à un Sauveteur

Remercier.
Clarifier :
Je sais que je pourrai compter sur ton aide quand j'en aurai besoin.

Face à une Victime
Formuler des demandes claires :
De quoi avez-vous besoin exactement ?

Avec l'autorisation de Daniel Chernet,, journal-coach.blogspot.fr

Le courage d'être imparfait

Attention à nos intentions : l'expérience montre que chacun entre souvent dans le piège du triangle dramatique par un rôle préférentiel. Acey Choy[6] fait valoir que nous pouvons aller vers une meilleure relation aux autres, même quand nous sommes embarqués dans le processus conflictuel, que l'on soit en position de Sauveteur, de Persécuteur ou de Victime. Fidèle en cela à une perspective dynamique de l'être humain, il propose un recadrage – une autre façon de voir – plein d'espoir : le triangle du gagnant. Acey Choy soutient que toute personne est capable d'apprendre à utiliser les facettes et intentions positives de son rôle pour aller vers une relation de confiance avec les autres.

6. Acey Choy, AAT 61, janvier 1992.

• Le rôle « Sauveteur », en étant excessivement prévenant, s'inquiète sincèrement de l'autre, même si ceui-ci n'a généralement rien demandé. Au lieu de lui imposer son aide, il peut s'informer : « Avez-vous besoin de quelque chose ? Puis-je vous aider ? Je suis inquiet pour toi, est-ce qu'il y a quelque chose que je peux faire ? » Loin de vouloir changer (« sauver ») l'autre, son attitude exprime une acceptation totale : « Je t'accepte et me soucie de toi comme tu es maintenant. » Il devient capable de s'en tenir à la réponse de la personne, positive ou négative. *Il passe ainsi du rôle de « Sauveteur » à celui de « Souci de l'autre ».*

• Le rôle « Persécuteur », par ses comportements, impose aux autres sa vision des choses sans concertation. Il sait défendre ses droits et mes intérêts. Il pourra apprendre à manifester cette qualité et à négocier dans un cadre respectueux de l'autre. Au lieu d'imposer son avis, il pourra s'entraîner à « donner son avis ». *Il passe ainsi du rôle de « Persécuteur » au rôle d'« Affirmation de soi ».*

• Le rôle « Victime » est relié à son sentiment de vivre des situations de souffrance. Au lieu de l'imposer aux autres, il peut apprendre à partager ses difficultés autrement, par exemple en demandant directement l'aide dont il a besoin. Il peut apprendre à « proposer ses problèmes » : parler de ses difficultés, demander de l'aide pour les tâches difficiles, négocier des délais. *Il passe ainsi du rôle de « Victime » à celui de « Vulnérabilité ».*

Le Triangle Dramatique au Triangle Gagnant

Persécuteur =>
Rôle d'Affirmation de soi

Sauveteur =>
Rôle de Souci de l'autre

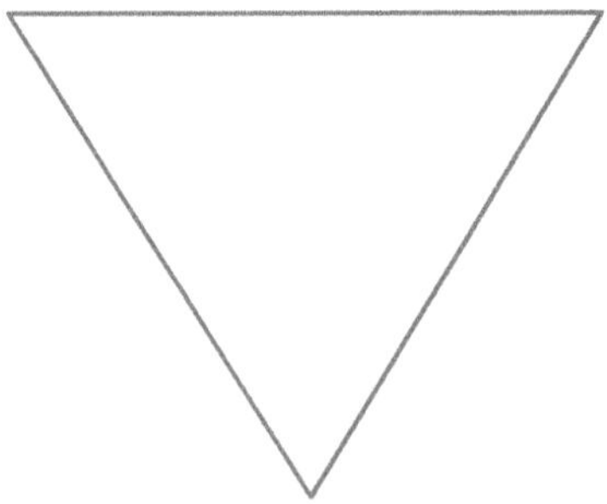

Victime => **Rôle de Vulnérabilité**

Ces trois rôles du triangle gagnant nous permettent d'ouvrir de nouvelles options en reconnaissant nos intentions positives et celles des autres, même cachées, derrière des comportements (parfois très) maladroits. À partir de ces intentions positives, révélatrices de ce à quoi nous donnons la priorité dans nos vies, nous pouvons développer la confiance en l'autre et en nous-mêmes.

À l'instar d'Acey Choy et comme en écho aux effets de notre société de la performance et de la rivalité, plusieurs auteurs rendent honneur aux vertus de la vulnérabilité, levier d'un renouvellement de la confiance en soi et dans les autres. Je vous invite à découvrir par exemple (voir en bibliographie) le travail de Brené Brown, auteur d'une célèbre conférence Ted, les ouvrages de Christophe André et, chacun à leur manière, les philosophes Bertrand Vergely, Fabrice Midal ou Charles Pépin, ou encore Jane Nelsen, thérapeute familiale américaine créatrice de la Discipline positive®. Cette dernière a élaboré l'outil des « 3 R » pour développer ce qu'elle appelle le « courage d'être imparfait ». Son modèle éducatif vaut aussi pour les adultes. Il permet de « transfigurer » l'épisode conflictuel et de s'en servir pour enrichir la relation, qu'elle soit familiale, amicale ou professionnelle. Je vous le présente, car je l'apprécie pour sa simplicité et son efficacité.

RECONNAÎTRE sa part de responsabilité	Oups, j'ai fait une erreur !
RÉCONCILIER	Je suis désolé d'avoir...
RÉSOUDRE	J'ai besoin de ton aide J'aimerais qu'on trouve une solution ensemble

Prendre le risque de la confiance en équipe

Coopérer en confiance

• Pourquoi coopérer ?

Qui que nous soyons : employé, salarié, cadre, indépendant ou dirigeant, la vie professionnelle nous confronte en permanence au besoin de prendre des décisions, à celui de résoudre des problématiques plus ou moins compliquées, voire complexes.

• Un problème est simple à résoudre dès que n'importe qui est capable de trouver la solution, chacun usant alors de son bon sens.

• Un problème compliqué, lui, ne pourra sans doute pas être résolu par tout le monde, alors même qu'une solution existe. Sa résolution pourra nécessiter l'intervention d'un « expert » qui apportera une solution connue et éprouvée.

• Les problèmes complexes, eux, ont la particularité de ne s'être jamais posés. Les résoudre signifie devoir inventer des solutions encore inexistantes. Il conviendra alors d'impliquer différents acteurs et entités. Résoudre des questions complexes implique donc de coopérer avec tous ceux qui sont concernés. Les acteurs viennent souvent avec des logiques différentes qu'il convient de faire cohabiter et faire interagir.

Prenons cette entreprise qui voit depuis plusieurs mois son bénéfice s'étioler. L'ambiance au sein des services en est peu à peu impactée. La crainte s'installe chez les employés, on assiste parfois à du ressentiment entre eux. Du même coup, les clients commencent à ressentir l'impact de ce contexte, et deviennent réticents à confier de nouveaux contrats à cette entreprise.

Pour sortir de cette spirale peu engageante et résoudre cette situation complexe, l'entreprise devra passer par un travail de coopération impliquant les acteurs du marketing, des ventes, de la production, des achats, du SAV, etc. Tous ces acteurs n'auront évidemment pas la même logique face à la situation, pas les mêmes façons d'aborder la problématique. Ces logiques prises indépendamment n'apporteront que des réponses partielles et parfois inefficaces.

C'est en faisant interagir la diversité des logiques qu'émergeront des solutions imprévues, nouvelles, des idées portant des chances réelles de sortir l'entreprise de cette spirale. Ces différents acteurs coopéreront d'autant plus efficacement qu'ils se réuniront autour d'un enjeu commun, qui dépasse les intérêts propres à chacun.

• Faire le premier pas

Pour reprendre l'idée d'Edgar Morin, en participant à un tout plus grand que moi, j'accepte d'abandonner quelque chose de moi-même. C'est là une condition de la coopération, un chemin pour chacun. La confiance que j'ai en moi-même m'aide à me questionner :

• sur ce que je suis prêt à abandonner ;
• sur l'importance que cet abandon signifie pour moi ;
• pour ainsi me rapprocher de ce qui est plus grand que moi.

Construire une relation de coopération, c'est un peu comme passer un pont à l'entrée duquel je dépose un certain nombre de choses auxquelles je tiens. En m'engageant sur ce pont, je quitte la rive sur laquelle je sais que « mon optimum n'est pas possible pour tous », et je chemine vers la rive sur laquelle « je serai content d'avoir trouvé une solution satisfaisante pour tous ». Certes, traverser ce pont comporte des risques de ne trouver que partiellement ce que je cherche sur l'autre rive.

Mon degré de confiance en moi-même est ce qu'il est lorsque je fais le premier pas vers la rive opposée. L'important est de faire ce premier pas, de passer à l'action.

• Un maximum de confiance(s) ?

La coopération s'appuie à la fois sur la confiance que je ressens envers moi-même, sur celle que j'ai vis-à-vis des autres et sur celle des autres à mon égard. Toutes ces confiances n'ont pas forcément besoin d'être d'un niveau optimal. Ma propre confiance en moi est-elle suffisante ? Peu m'importe si mon degré de confiance en l'autre est, lui, suffisant. Lorsque je coopère, le regard que l'autre porte sur moi aura une influence importante sur mon degré de confiance en moi (voir « Un regard en confiance : l'effet Pygmalion », p. 196). Il me faudra savoir écouter et regarder la confiance que m'offrent les autres. C'est une source fraîche pour alimenter la confiance que j'ai en moi-même.

• Deux confiances pour une bonne coopération

L'esprit d'équipe est devenu le « Saint-Graal » des organisations contemporaines… en témoignent les expressions populaires comme : « On ne change pas une équipe qui gagne », « Seul on va plus vite, ensemble on va plus loin », ou encore les propos que l'on prête à Steeve Jobs : « *Dans l'entreprise, les grandes choses ne sont pas le fait d'un seul homme, mais d'une équipe.* » Souvent décrite comme un des fondements des nouveaux modes de travail, la coopération prend de plus en plus de place dans le fonctionnement des organisations et de notre société. Elle ne se décrète pas, elle se construit. Un de ses corollaires est la « confiance » qui se construit pierre après pierre entre les membres d'une équipe : la confiance que l'on porte aux autres, la confiance avec laquelle on vit au sein d'une équipe, celle qui relie les personnes, celle qui permet l'interaction, le travail, la coopération.
Dans un contexte professionnel, la confiance ne se construit pas uniquement grâce aux compétences que l'on reconnaît chez les autres. Notre cerveau gauche, cartésien et analytique, sera certes rassuré, sécurisé de savoir que les autres sont compétents pour mener à bien la mission qui leur incombe. Or avoir confiance en l'autre signifie aussi et surtout savoir écouter ses propres ressentis, ses émotions et celles des autres. Avoir confiance en l'autre, c'est parfois être capable de déconstruire ses préjugés, d'aller chercher d'où ils proviennent et ainsi de rassurer notre cerveau sensible et émotionnel. Construire la confiance envers les autres passe aussi par un travail d'écoute et de remise en question sur notre propre confiance en nous.

• **Cheminer vers la confiance**

Comme nous l'avons vu, les confiances en soi et envers les autres évoluent réciproquement au fil d'une relation de coopération. Le risque d'être trahi, la peur de perdre plus que ce que l'on aurait à gagner sont autant d'alertes à une rupture éventuelle de la confiance. Pour éviter ce point de rupture, je vous propose quelques principes clés.

• **Deux principes et six règles de coopération**

1. Un cadre sécurisant – Bien coopérer, c'est d'abord poser un cadre d'échange sécurisant, afin que chacun puisse partager ses idées, ses ressentis, sans danger et avec ses propres moyens d'expression. On imagine aisément la difficulté d'un employé de base lorsqu'il lui faut exprimer son avis face à un supérieur hiérarchique. Pour contribuer à mettre en place un climat de coopération, on pose des principes de fonctionnement, des règles pour faciliter les échanges. Ce climat est essentiel pour limiter la survenue d'un malaise face à l'autre, face à une fonction « supérieure » à la sienne, et permettre à chacun de s'exprimer avec ses propres moyens. Dans une relation de coopération, il est un idéal inatteignable, celui d'arriver à obtenir un niveau de confiance identique entre les différentes personnes. Une approche plus réaliste est de permettre à ceux qui ont besoin de reprendre confiance en eux d'améliorer l'estime qu'ils ont d'eux-mêmes, en mettant en valeur leurs atouts, leurs forces et leurs ressources. Il conviendra de souligner chez ces personnes leur rôle dans le collectif, ce qu'elles apportent d'unique et d'utile, d'épaissir leur histoire souvent effacée au sein de l'équipe, pour mettre en valeur aux yeux de tous et d'elles-mêmes ces contributions passées et à venir.
Si le sentiment de sécurité de la relation n'est pas garanti, le partage ne pourra se faire sur une base de sincérité, la coopération en sera d'autant moins efficace. De même, un cadre dirigeant pourrait se voir mis en difficulté face à des employés critiques à propos de décisions prises quelque temps auparavant. Installer un climat de

coopération favorise une expression sincère entre les personnes. C'est une pierre centrale de l'édifice d'une bonne coopération.

2. Bien coopérer, bien communiquer – Pour bien coopérer, il est crucial de communiquer de façon fluide et constructive. Fluide parce qu'il est important de savoir se dire respectueusement les choses qu'on juge importantes ; et constructive en étant soucieux que les paroles échangées soient porteuses de sens et posées pour faire avancer le projet collectif. Communiquer, c'est aussi savoir écouter, avoir un niveau d'empathie envers les autres qui permette de comprendre les ressentis exprimés, pour les mettre au service de ce qui est plus grand que chacun.
Comment ? On définit six règles pour faciliter la coopération entre les individus.
• Chercher une finalité commune qui permette de relier les personnes tout en dépassant les intérêts de chacun et de chacune.
• Aborder les intérêts individuels, ou les intérêts des entités représentées (ceux du marketing, des ventes, de la production, etc.).
• Échanger des informations qui soient pertinentes pour les autres (informations que j'ai et qui seraient utiles aux autres).
• Échanger sur les moyens d'action qui sont à notre disposition, et sur l'impact que ces actions peuvent avoir sur les autres.
• Construire une représentation commune, arriver à dessiner et comprendre notre modèle d'interdépendance : lorsque je prends telle initiative, je sais que cela aura telle conséquence pour moi, pour l'autre, et sur notre finalité commune.
• Construire ensemble une vision et des moyens à mettre en œuvre avec pour objectif qu'ils soient satisfaisants pour tous.

Parler vrai

• Peur et confiance

Dans son livre *Le Contrat de défiance*, Michela Marzano définit la confiance comme « *ce qui est censé atténuer nos inquiétudes au sujet de ce que les autres peuvent nous faire* ». Elle indique que « *la confiance devrait nous permettre d'échapper à la peur, qui elle, ne*

peut que nous paralyser et nous empêcher de vivre en société ». La peur est une émotion très utile dans un contexte de réel danger. La peur qui engendre la fuite et nous sauve la vie doit être vue comme une émotion bénéfique. *A contrario*, la peur est souvent instrumentalisée par désir de convaincre d'intentions plus ou moins louables, comme c'est souvent le cas en politique, ou au sein de certaines entreprises. Cette peur instrumentalisée est délétère et néfaste, elle est un frein à l'émancipation, à la prise de risque. Elle nous empêche de nous abandonner à notre vraie nature, d'être créatifs, d'essayer, de tenter ou d'inventer.
Dans les relations de confiance entre des individus ou au sein d'un groupe, la peur traduit aussi une possible trahison dont on aimerait se prémunir, un risque inhérent à toute relation où la confiance est partielle. « Prendre ce risque, grand bien te fasse, mais ce sera sans moi. » Parler vrai, c'est d'abord et avant tout pouvoir exprimer ses émotions de la façon la plus sincère.

• Avancer ensemble

Donner envie de travailler ensemble (collaborer) et d'œuvrer ensemble (coopérer) à un projet collectif est un point essentiel pour mettre les personnes sur un même niveau d'énergie. Construire une vision commune de ce vers quoi un groupe veut aller est un préalable nécessaire à établir une relation de confiance entre les individus. Que chacun puisse exprimer ses ambitions permettra de poser les objectifs qui seront un terreau fertile de motivation et une boussole pour donner une direction au groupe.

• Exprimer ses émotions

Partager sa joie au sein d'un groupe donne de l'énergie à tout le groupe ainsi qu'à soi-même. *A contrario*, exprimer sa colère ou sa tristesse risque d'absorber, parfois de façon transitoire, l'énergie du groupe. Exprimer une colère est un comportement de défense. Il arrive que des circonstances extérieures bousculent une valeur importante pour l'individu ou pour le groupe. Exprimer ce qui a été abîmé pour la personne ou le groupe est une façon de souligner ce qui est important et partagé par tous. C'est une façon de respecter à la fois les valeurs de chacun et la raison d'être de l'équipe.

Lorsqu'on exprime ses craintes, on évoque un risque et on demande au groupe de prendre ce risque en considération. De là surgissent des pistes qui indiquent comment trouver la parade et comment mettre en place ce dont nous avons besoin pour nous en prémunir. Dans toute relation de collaboration, parler vrai passe par la possibilité de construire à partir de ce qui, à première vue, pourrait entacher la relation. En exprimant ses peurs, on fait confiance et on fait acte d'humilité : en se livrant, on découvre que les peurs de l'un recoupent souvent celles des autres. De plus, on permet souvent à d'autres de lever leurs propres craintes, qu'ils n'auraient sans doute pas pu exprimer autrement.

Construire une représentation commune

Différents facteurs contribuent à construire la confiance au sein du groupe.

- En premier lieu, le regard que l'on porte sur les membres du groupe. Notre éducation, notre milieu social, nos origines culturelles, notre histoire personnelle et collective contribuent à forger ce regard. Ce sont des éléments clés qui facilitent ou freinent la rencontre. Nous avons souvent tendance à nous faire une idée des personnes présentes au sein du collectif, à nous comparer. Cela a une influence majeure sur notre capacité à entrer ou non dans une relation de confiance avec le groupe, et à nous faire confiance.
- Ces mêmes éléments issus de notre éducation et de notre histoire influencent le regard que l'on porte sur soi-même. Ils vont jouer un rôle majeur dans la capacité que l'on s'accorde de coopérer avec le groupe, de contribuer à sa légitimité, d'apprendre des autres.

Sophie se définit elle-même de la façon suivante. Elle n'est « *qu'une petite secrétaire* » au sein de son entreprise. Lorsque l'on démarre notre atelier collaboratif, visant à faire émerger les valeurs collectives qui font de l'entreprise ce qu'elle est, elle ne se sent pas suffisamment légitime pour échanger avec d'autres sur ce qui lui tient à cœur dans son métier. Le fait d'être mise à contribution au même titre que les cadres dirigeants ne suffit pas à lui assurer la légitimité de parler de son point de vue. Ce contexte peu banal réveille le regard qu'elle porte sur elle-même par rapport à celles et ceux qui l'entourent. Sa propre estime, la confiance qu'elle a en elle est l'une des clés de son implication au long de cet atelier.

Parce que notre éducation, notre histoire, le regard nous portons sur nous-mêmes et sur les autres influencent notre capacité à travailler avec d'autres, nous coopérons plus facilement dans un groupe homogène. Pourtant, la diversité est une force en matière de coopération et de créativité. La diversité est un facteur essentiel du succès d'une coopération. Elle favorise la créativité et permet de résoudre les problèmes complexes qui ne se sont encore jamais posés. Les relations que nous entretenons avec le groupe, les expériences que nous partageons font évoluer la confiance au sein du groupe, mais aussi celle que nous ressentons vis-à-vis de nous-mêmes.

Si tant est qu'elle le souhaite, changer le regard que Sophie porte sur elle-même et sur le reste du groupe nécessiterait quelques semaines d'accompagnement. « *Comment, de manière ponctuelle, faire en sorte que Sophie et le groupe puissent interagir, que des idées innovantes puissent émerger de leurs échanges ? Comment agir pour que les sentiments de forte ou de faible légitimité ne viennent pas perturber le processus de coopération ? En quoi le fait de coopérer, d'être écouté contribue-t-il déjà à renforcer notre sentiment de légitimité ?* »

Pour bien débuter une relation de coopération, se rapprocher des autres d'une façon simple permet de se découvrir, de commencer à mieux se comprendre, de trouver les moyens de construire une représentation commune de la situation et du contexte dans lequel nous évoluons, de forger un objectif qui donne à tous l'élan nécessaire pour travailler ensemble.

• Une histoire de rapprochement

Deux entrepreneurs évoluent dans le même domaine, la rénovation de logement et la maîtrise d'ouvrage. Tous deux travaillent sur des marchés différents sans être en concurrence. L'un travaille auprès de particuliers acquéreurs d'une résidence principale, l'autre auprès d'une clientèle plus aisée, parfois étrangère, acquéreurs de résidences secondaires plutôt cossues. Leurs deux entreprises sont de taille égale. Tous deux ont des points forts et des marges d'amélioration. C'est parce que les points forts de l'un manquent à l'autre qu'un échange de savoir-faire aurait du sens entre ces deux entrepreneurs et qu'ils sont mis en relation.

Au cours d'un atelier visant à établir si un rapprochement de leurs activités a du sens pour eux deux, nous les faisons travailler sur ce à quoi pourrait ressembler leur relation. Nous évoquons ouvertement ce que ce rapprochement suscite comme peurs pour l'un et l'autre, ce qu'il suscite comme ambitions et ce que chacun pourrait être tenté de faire et qui pourrait nuire à cette mise en commun de leurs savoir-faire. Cet exercice a pour intention de construire une relation de confiance entre les deux protagonistes. Une relation qui repose sur le « parler-vrai ». Au cours de cette séance, il est frappant d'entendre : « *j'ai peur de perdre mon indépendance au profit de l'autre* », « *Je souhaite libérer de mon temps pour construire un projet annexe en déléguant une partie de chronophage de mon activité* », ou bien encore : « *C'est vrai que je suis tenté par un apport de trésorerie qui me fait parfois défaut.* »

Au cours de cet atelier, j'ai accompagné ces personnes à transformer leurs peurs respectives en actions pour les prémunir contre la survenue des risques qu'ils avaient identifiés dans ce rapprochement. « *Quelles peurs est-ce que ce rapprochement suscite chez chacun d'entre vous ? Quels dangers traduisent-elles ? Si nous devions nommer le risque qui se cache derrière chacune de vos craintes, quels noms leur donneriez-vous ? Pour vous prémunir de ces risques, quelles précautions auriez-vous besoin de mettre en place ?* » Dans un second temps, nous avons transposé leurs ambitions d'échange en objectifs communs, il convenait de définir les moyens permettant de les atteindre. « *En quoi ce rapprochement vous attire, vous anime ? S'il y avait un objectif à mettre en face de chacune de ces ambitions, comment les décririez-vous ? Les objectifs de l'un sont-ils compatibles avec ceux de l'autre ? Avez-vous une idée de choses à faire pour se rapprocher ou atteindre ces objectifs ?* » Les désirs exprimés par chacun ont permis de border ce

projet de rapprochement par de bonnes pratiques communes et respectueuses des valeurs qui importaient à chacune de ces deux personnes.
Il faut du courage pour aborder ces sujets avec une telle franchise. La transparence entre deux personnes est un acte qui requiert un degré important de confiance en soi et de confiance envers l'autre. Ce « parler vrai » est une condition nécessaire pour construire la coopération. Ce parler vrai aide à voir l'autre comme une personne bien intentionnée, à transformer une possible méfiance en un premier pas vers une relation de confiance. Et si nous apprenions à utiliser ce parler vrai aussi bien avec nous-même ?

• Assumer ses choix et questionner son propre regard

Il n'est malheureusement pas rare que la peur fasse partie de la vie au sein d'une organisation. Elle inciterait à se prémunir de différentes situations : la sanction, la « mise au placard », ou de probables conséquences sur la carrière, réduisant à peau de chagrin tous les efforts consentis depuis de longues années. Cette peur est légitime, celle de se voir dégradé, celle d'un titre retiré, d'un statut social perdu, d'une place effacée. Elle traduit parfois la perte du sens de notre fonction. À ce propos, le cas des professions de soignants est souvent cité. Ces personnes doivent faire leur travail avec des moyens en perpétuel déclin, dans un contexte tendu où les luttes de responsabilités sont quotidiennes entre les différents acteurs du corps médical. Le travail des soignants est pourtant chargé de sens. Ils ont choisi leur métier bien souvent par conviction, par souhait d'être utiles, avec un souci permanent de bien faire leur travail. Au quotidien, ils sont néanmoins confrontés au fait de devoir gérer des enjeux vitaux avec les moyens du bord. Parce que ces professionnels sont très fortement engagés dans leur métier, qu'ils sont conscients des enjeux de leurs actes, la peur de mal faire, de se faire reprocher une décision, peut avoir sur eux des effets extrêmement violents.
« *Ma propre confiance en moi m'aiderait-elle à accepter mes peurs ?* A contrario, *le manque de confiance en moi aura tendance à s'installer pour m'aider à résister à des pressions extérieures, sociales ou*

culturelles avec lesquelles je ne suis pas d'accord. Qu'est-ce que la peur que je ressens de ne pas bien faire mon travail traduit d'important pour moi ? Qu'est-ce que l'empêchement de ne pas pouvoir bien faire mon travail dégraderait dans ce qui compte pour moi ? » Ces questions mettent en lumière ce qui est plus grand que moi, ce que je suis prêt à défendre. Les réponses sont souvent des ressources importantes pour conserver ou reprendre confiance en soi. Et si la confiance en moi était cette capacité à ne pas me laisser dominer par la culture de la peur ? Une confiance en moi au service de mes valeurs, de ce qui a le plus d'importance pour moi, de ce qui fait le sens de mon rôle, de mon métier. D'où vient-elle, cette peur que j'ai ? Quel est le contexte particulier qui l'engendre et l'entretient ?

• Le regard des uns sur les autres : énergie de la confiance

Au cours d'interventions auprès de plusieurs organisations, j'ai eu l'occasion d'observer l'effet de blocage du regard des uns sur les autres. Le regard de la fonction « noble » sur les métiers à la base de l'organisation, vitaux à l'organisation et nécessaires pour que la fonction dite « noble » réalise efficacement sa mission ; le regard du spécialiste sur les non-spécialistes, celui du sachant sur les exécutants, celui des opérateurs sur leur direction, celui de la direction sur les employés de base, etc. Ces regards ont la particularité de cloisonner les organisations, de renforcer les communautés en leur sein, de séparer les strates managériales. Ils ont aussi un effet délétère sur les communautés qu'ils visent. Ces regards ont souvent l'effet de générer du doute chez les individus, doute qui fera fondre la précieuse confiance en soi comme neige au soleil, d'autant plus fortement qu'ils sont portés par des personnes proches. Ces regards traduisent l'appartenance à des corps, à des confréries. Ils expriment des filtres culturels, éducatifs, familiaux dont il est difficile de se séparer, et sont l'une des manifestations concrètes des effets d'un problème au sein d'une organisation. Cependant, en partant du postulat que ces regards expriment quelque chose d'important pour les personnes, il est possible de cheminer vers ce qui a du sens et de la valeur pour elles, afin de relier ces différentes valeurs et de faire évoluer les regards.

• Le regard de ce soignant sur la direction administrative d'un établissement hospitalier peut traduire par exemple sa frustration de ne pas pouvoir, avec les moyens à sa disposition, apporter les soins nécessaires pour remplir correctement sa mission.
• Le regard de cet expert technique sur cet exécutant peut traduire sa crainte de ne pas atteindre le niveau de performance technique optimal, qui pourrait être obtenu des opérateurs en prenant le temps de les former correctement.
• Le regard de tel délégué du personnel sur sa direction peut traduire son engagement à défendre des idéaux de justice et d'équité malmenés par une recherche de profit à court terme.

Pour faciliter la coopération, on gagnera à mettre en lumière les valeurs que portent ces regards des uns sur les autres, que ces préjugés, empêchent de fonctionner. Qu'est-ce qu'il y a d'important pour moi, d'important pour notre équipe, et qui n'arrive pas à se réaliser du fait de ces regards que nous portons les uns sur les autres ? D'où l'utilité de « déconstruire » l'image que nous avons de l'autre, mais aussi celle que nous avons de nous-mêmes par rapport aux autres. Par « déconstruire », j'entends aller chercher la provenance de ces perceptions limitantes. Pour faire coopérer des personnes de classes sociales fondamentalement différentes, il semble nécessaire de comprendre d'où proviennent ces regards des uns portés sur les autres : de luttes sociales, de privilèges déchus, de complexes d'infériorité ou de supériorité ? « *De quelle époque proviennent-ils ? Sont-ils la résultante d'une histoire plus ancienne ? Sont-ils le fait d'un groupe particulier ? Quelle intention positive ces regards pourraient-ils révéler ? Quelles valeurs importantes cette perception cherche-t-elle à protéger ?* »
Déconstruire ces perceptions étroites permet de les faire évoluer et de construire une relation différente. Lorsque nous percevons une personne différemment, qu'éventuellement nous lui communiquons ce que l'on a appris de positif à son contact, nous lui donnons l'occasion de faire évoluer son regard sur elle-même et d'influer sur sa confiance en elle.

- **Un regard en confiance : l'effet Pygmalion**

Dans la mythologie grecque, Pygmalion est un sculpteur de Chypre qui a choisi le célibat. D'un bloc de matière, il sculpte une femme, Galathée, dont il devient éperdument amoureux. Ce regard particulier qu'il a sur sa sculpture, cet amour qu'il lui porte est entendu par Aphrodite, la déesse de l'amour. Aphrodite décide de donner vie à cette femme avec qui Pygmalion se mariera. L'effet Pygmalion décrit ce fait étrange que croire dans les potentialités de quelqu'un améliore ses probabilités de succès.

Robert Rosenthal est psychologue professeur à l'université Riverside de Californie. À la fin des années 1960, il fait avec des étudiants l'expérience suivante. Il leur confie des souris et les charge de leur apprendre à évoluer dans un labyrinthe. Rosenthal informe les étudiants que certains rongeurs ont un sens de l'orientation particulièrement élevé quand, inversement, d'autres sont totalement nuls. Sans qu'il y ait en réalité de différence chez ces rongeurs, les souris annoncées comme douées montreront de meilleurs résultats que celles de l'autre groupe. De cette expérience de laboratoire, Rosenthal pose l'hypothèse de « prophétie autoréalisatrice ». L'expérience tend à montrer que les souris sont « devenues intelligentes » du fait de leur prétendu don, tandis que les secondes sont au final « stupides », du simple fait du regard que les étudiants portent sur elles.

Quelques années plus tard, cette expérience est réitérée dans un tout autre contexte. Robert Rosenthal et Leonore Jacobson s'adressent alors à des enseignants d'Oak School dans un quartier populaire de San Francisco. Ils demandent à ces enseignants de participer à une étude prestigieuse qui permet de repérer des élèves particulièrement talentueux. Ils font passer une sorte de test de quotient intellectuel (QI) aux élèves d'Oak School et s'arrangent pour que les enseignants prennent connaissance des résultats. Sans qu'ils le sachent, les notes de QI sont en fait distribuées aléatoirement. Un élève sur cinq se voit attribuer une note surévaluée. En fin d'année, les tests de QI sont refaits auprès des élèves et les chercheurs remarquent que ceux pour lesquels les notes avaient été surévaluées artificiellement en début d'année ont amélioré leur réussite aux tests de QI en fin d'année. Cette expérience montre là aussi que le regard que l'on porte sur un individu influe positivement ou négativement sur son devenir. En pensant que quelqu'un a une aptitude particulière, nous nous comportons différemment et l'influençons de façon qu'il acquière cette aptitude. Au XVIIIe siècle, Goethe en avait déjà exprimé l'intuition quand il disait : « *Traitez les gens comme s'ils étaient ce qu'ils devraient être, et vous les aiderez ainsi à devenir ce qu'ils peuvent être.* »

Au sein des organisations, développer une image positive contribue à faire évoluer les personnes dans une voie positive. Lorsque je suis assuré de pouvoir compter sur les savoir-faire et les talents de mes équipiers, cela contribue à la réussite de notre mission d'équipe. De même, individuellement, ai-je réellement toutes les compétences requises ? Ai-je tous les talents ? Certainement non. Pour autant, le regard positif que porteront les autres sur moi, sur mes capacités et mes talents, saura m'offrir la chance de réussir. Percevoir ses collègues de façon positive est un atout important pour la réussite d'un projet collectif. Se voir et se percevoir positivement, croire en soi autant que l'on croit aux autres l'est tout autant. Que je sois en position d'animateur ou d'acteur au sein d'une équipe, la clé est de trouver comment favoriser ce regard positif.

Face au groupe : le regard appréciatif, aide à la relation aux autres

Dans la continuité de l'effet Pygmalion, David Cooperider a créé dans les années 1980 aux États-Unis l'*appreciative inquiry*, une approche qui s'appuie sur les réussites du passé pour construire des changements profonds au sein des organisations. Il affirme en effet que « *les organisations vont dans le sens des questions qu'on leur pose...* ». Les questions qui sont orientées autour de la résolution de problèmes contribuent à mener l'organisation dans une autre direction que celles orientées autour de réussites individuelles ou collectives.

Tout le sens de la démarche appréciative est de s'appuyer sur les réussites individuelles et collectives. Découvrir, parfois redécouvrir à partir d'histoires réussies ses talents, ses ressources permet à une équipe de construire une vision positive d'elle-même et de l'avenir *via* des propositions concrètes. Jacques Lecomte, auteur de l'ouvrage *Les Entreprises humanistes*, dit qu'« *adopter une vision positive du futur constitue un moteur essentiel pour que ce futur advienne* ». Dans un environnement encombré d'histoires de problèmes, c'est en allant à la recherche des histoires de réussite qu'on redonne la place à une vision positive. Cette approche permet aux personnes de se réapproprier leur avenir, de le réinventer, de reprendre la plume pour redevenir auteurs de leur avenir.

• La démarche appréciative

Nous évoluons dans un monde de problèmes. Pendant des décennies, le modèle de management le plus répandu a été – et il est encore – celui qui tend à s'intéresser aux problèmes afin de mieux les résoudre. Cette approche a eu ses heures de gloire et a été, il faut le reconnaître, efficace à certains égards. Cela étant, il n'est pas très engageant de passer sa vie professionnelle à régler toutes sortes de problèmes. En évoluant dans un monde qui en est encombré, la perception que l'on a de soi et des autres ne peut être qu'affectée négativement. « Qu'ai-je fait pour mériter cela ? Quelle est ma responsabilité dans la survenue de ces problèmes ? Quel a été mon rôle ? Que devrais-je cacher pour éviter que cela me retombe dessus ? Comment assumer ce poids dans ce monde qui prône tant la performance ? » Notre façon de voir le monde qui nous entoure joue un rôle sur l'estime que nous avons de nous-mêmes. Lorsque nous avons le sentiment de vivre entourés de problèmes et d'expériences négatives, et que nous recevons continuellement des injonctions à nous améliorer, il faut être d'une grande force de caractère pour ne pas sentir l'estime que nous avons de nous-mêmes se dissoudre peu à peu. Il nous faut une capacité de résistance extraordinaire pour ne pas céder au découragement environnant et conserver suffisamment de confiance en nous-mêmes pour affronter l'avenir. C'est ainsi qu'on en vient parfois à se souhaiter « bon courage » plutôt que « bonne journée » !
Sans occulter les problèmes qui encombrent la vie de tout type d'organisation, la démarche appréciative (*appreciative inquiry*) prend

le contre-pied de l'approche classique de résolution de problèmes. Elle propose de rechercher en soi les histoires alternatives ou préférées. Elle nous guide dans la recherche, l'« investigation » (*to inquire* en anglais) des exceptions à nos histoires dominantes de problèmes. Cette méthode vient mettre en valeur les réussites, les ressources individuelles et collectives que nous mettons en œuvre pour y contribuer. Cette recherche de la « fine trace » positive dans un environnement de problèmes se révèle efficace pour remettre en lumière ce qui, chez un individu ou dans un groupe, est une source de confiance en soi.

Un des temps les plus forts de la démarche appréciative est l'entretien en duo. Elle consiste à se raconter entre collègues une histoire de réussite. Un collègue est narrateur de sa propre histoire, l'autre adopte la posture du journaliste curieux avec l'intention d'étoffer cette histoire de multiples détails. On insistera notamment sur la satisfaction que cette réussite a provoquée chez la personne. C'est souvent un moment très fort, qui peut même être un peu perturbant : il nous oblige à regarder notre monde de façon positive en y appréciant nos talents et notre contribution ! Cela vient parfois contredire cette perception dépréciative que nous avons de nous-mêmes, dans laquelle nous avons parfois été éduqués, ce que j'aime appeler le syndrome du « peut mieux faire », et de l'inévitable « marge de progrès ».

Il y a cinq ans fusionnaient quatre laboratoires rachetés par un cinquième. Naissait ainsi un groupement d'une cinquantaine d'employés répartis en divers endroits d'une même région. Mais un même nom, un même investisseur ne font pas une même entreprise. Encore faut-il se connaître, partager des valeurs communes. La volonté de la dirigeante de cette entreprise était depuis longtemps de construire un avenir durable de ce groupement, avec le souhait assumé de fédérer tous les acteurs cadres et non cadres autour d'un service humanisé, de donner toute sa place à l'élan collectif. Des ateliers appréciatifs ont été organisés sur différents thèmes, notamment sur celui de l'évolution professionnelle. Lors d'un atelier regroupant 30 employés, j'ai trouvé une majorité de personnes heureuses de pouvoir raconter une histoire

réussie. La question était la suivante : « *Évoquez une réussite qui a pu changer votre façon de faire votre métier.* »
Deux personnes étaient cependant assez mal à l'aise. Mon rôle en tant que facilitateur était de leur apporter le cadre sécurisant qui leur permette de s'exprimer de façon sincère. Il est classique que le début de ces entretiens suscite un inconfort : nous sommes tellement encombrés d'histoires de problèmes qu'il nous faut du temps pour se remémorer une histoire réussie dont nous pourrions parler. Mais cette première impression s'estompe assez rapidement. « Ah, c'est drôle, mais... tu as raison, à bien y réfléchir une histoire me revient... »
La remarque d'un participant m'a frappé, celle du caractère « intrusif » de la question. Cette personne était visiblement perturbée de devoir raconter une histoire de réussite. Il lui était plus difficile de s'exprimer sur cette histoire que d'évoquer une situation problématique. Après que je l'ai rassuré sur le fait qu'il n'y avait aucune obligation à raconter son histoire s'il n'était pas à l'aise, le blocage s'est levé avec l'aide de sa collègue particulièrement à l'écoute. Plus tard au cours de l'atelier, ce témoignage a été choisi pour être raconté en plénière devant tous les participants. Il était très fort et porteur de beaucoup d'émotions, ce qui a mis en valeur ledit participant comme il ne l'avait certainement pas imaginé au départ. Parler à d'autres de ce que l'on aime, de ce dont on est fier donne une force qui ancre l'image positive que l'on a de soi.
Dans ce travail collectif, y a-t-il une place pour le doute ? Le doute fait partie du processus de construction d'une confiance que le groupe prend en lui-même pour effectuer un travail collectif. Il est bon de l'accueillir, de le nommer. On doit lui faire une place, mais ne pas lui donner toute la place. Il fait partie de l'histoire collective que l'on a écrite, mais il n'est pas toute l'histoire. Le groupe qui trouve, malgré ces doutes, les ressources pour accomplir une telle démarche coopérative renforce la confiance qu'il met en lui-même du fait d'avoir réussi à nommer et à dépasser ses propres doutes. Il offre à chaque individu une expérience collective qui alimentera sa confiance en soi.
Et si, à l'image de l'effet Pygmalion, le simple fait d'accorder de la confiance aux individus, au groupe favorisait la relation de

confiance ? Un des partis pris de l'*appreciative inquiry* est justement de faire *a priori* le pari de la confiance :

- confiance que l'on a vis-à-vis des individus : « Les personnes présentes sont les bonnes[7] » ;
- confiance en leurs intentions au bénéfice de la raison d'être du groupe ;
- confiance que l'on fait au collectif de regrouper les bonnes personnes pour engager les bons changements : « Ce qui arrive est la meilleure chose qu'il pouvait arriver[8] » ;
- confiance vis-à-vis de soi-même au sein d'un collectif et de ses capacités à coopérer, à servir l'intérêt du collectif.

• Mettre en valeur ce qui est important

Au cours d'un atelier appréciatif, les personnes mettent en valeur leurs histoires de réussites individuelles et collectives. Elles redécouvrent leurs forces individuelles et collectives, et mettent en lumière la satisfaction que ces réussites leur ont procurée. Chaque fois que nous parlons de satisfaction, nous évoquons ce qui est important pour nous.

« En participant à la réussite de ce travail d'équipe, en voyant l'effet bénéfique que cela a eu sur mon client, j'ai éprouvé de la fierté, j'ai été satisfait de ce travail bien fait. Je l'ai vécu comme une réussite personnelle, mais aussi comme un moment de confiance en équipe. Ça m'a donné une bonne estime de moi-même. » Chez cette personne, pouvoir être fière du travail accompli, avoir le sentiment de bien faire son travail, avoir un sentiment d'utilité de son action sont autant d'éléments qui mettent en valeur ce qui a de l'importance pour elle. Vivre ou revivre ces valeurs à travers un entretien à deux va lui permettre de renforcer sa propre estime d'elle-même. C'est dans l'action que l'estime de soi va se construire. En racontant des moments qui sont source de satisfaction, en nous remémorant des moments qui donnent vie à ce qui est important pour nous,

---

7. L'un des quatre principes d'une méthode d'intelligence collective appelée « Forum ouvert ».
8. *Idem*.

où nous avons agi en cohérence avec les valeurs que nous portons, nous renforçons notre estime et notre confiance en nous-mêmes.

• Épaissir les histoires préférées

Les histoires préférées viennent contredire les histoires dominantes qui encombrent nos vies, et qui déprécient l'estime de soi. Faire renaître les histoires préférées, leur redonner la place qui pourrait être la leur est une composante commune aux approches narratives et à la démarche appréciative. Elles partagent la même intention : aider à remettre en lumière des intentions et les actions positives oubliées, à retrouver le sens de nos actions, et à se redonner confiance.

Dans la relation : je me fais confiance quand je peux être moi-même au milieu des autres.

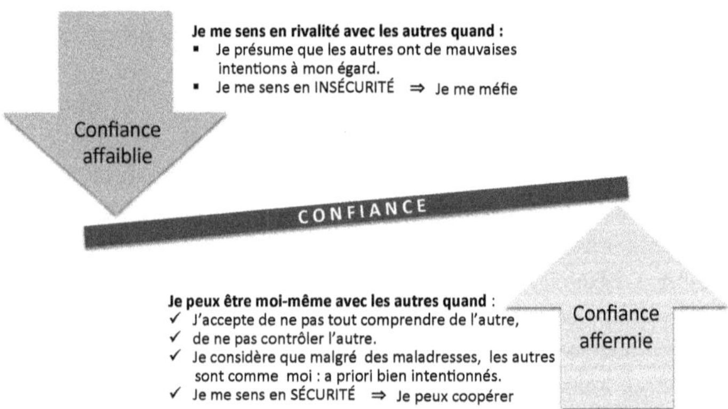

Clé n° 6

Notre confiance grandit dans le lien à l'autre

• Reconnaître nos propres opinions, ressentis et désirs permet de mieux accepter ceux des autres et d'en apprécier les apports.

• Toute confiance est relationnelle : confiance en moi et confiance dans les intentions positives de l'autre sont indissociables.

• Les signes de reconnaissance circulent entre nous et les autres. Donnés et reçus, demandés ou refusés à bon escient, ils nourrissent la confiance, tout comme le fait de dire merci !

• Le courage d'être imparfait nourrit la confiance en soi et en l'autre.

• Accepter nos peurs et partager nos espoirs sont la base de toute coopération.

• Partager nos histoires de réussites avec d'autres, nos contributions à ces réussites, est un moyen puissant pour regarder l'avenir positivement et l'envisager en confiance.

Clé n° 7 : Créer une dynamique de la confiance

Quand le groupe est générateur de confiance en soi : des démarches centrées sur les savoirs et les compétences

Il est parfois difficile de trouver l'énergie d'avancer seul, et quand le découragement menace ou devient trop fort, se relier à d'autres personnes confrontées à des questionnements similaires aux nôtres peut nous apporter du soutien. Il existe des démarches en groupe qui favorisent la confiance en soi, notamment celles qui se focalisent sur l'identification et/ou la mobilisation de nos ressources.

La puissance du groupe pour sortir de l'isolement

Faire un bilan de compétences en groupe

Voici ce qu'on peut lire sur le site du ministère du Travail français : « *Le bilan de compétences permet à chacun d'analyser ses compétences professionnelles et personnelles, ses aptitudes et ses motivations en appui d'un projet d'évolution professionnelle et, le cas échéant, de formation. Il peut être mobilisé :*
• soit à l'initiative de la personne active engagée dans une démarche d'évolution professionnelle ;
• soit à l'initiative du salarié dans le cadre d'un congé spécifique (le congé de bilan de compétences) ;
• soit sur proposition de l'employeur et avec l'accord du salarié, dans le cadre du plan de formation de l'entreprise. »
Si certaines dispositions sont propres à la France, notamment en termes d'organisation et de financement, le bilan de compétences est une prestation disponible dans de nombreux pays. Les personnes qui se lancent dans une telle démarche le font notamment parce qu'elles sont mues par le souhait de faire le point, par le désir ou la nécessité de changer de travail, de se réinsérer. En entretien préalable, une des attentes qui revient régulièrement est

la suivante : « *J'espère que ce bilan va me permettre de reprendre confiance en moi.* »

• Bilan de compétences individuel ou en groupe ?

En tant qu'accompagnatrice de bilan, tant individuel qu'en groupe, j'estime que les deux sont pertinents et que le choix dépend des besoins de chacun. Les deux permettent de faire le point sur son parcours afin d'envisager la suite, et illustrent bien ce proverbe africain : « Lorsque tu ne sais pas où tu vas, regarde d'où tu viens. »
Ce qui est proposé la plupart du temps est une démarche individuelle, sous forme – c'est aussi le cas pour les bilans en groupe – de plusieurs rencontres correspondant aux différentes phases du bilan, avec une importante part de travail personnel entre les séances. C'est une approche tout à fait valide et efficace, et il est important de souligner que certaines personnes préfèrent ce travail en face à face ; elles se sentent sécurisées par cette relation exclusive avec un chargé de bilan.
Il existe par ailleurs une « version collective » du bilan : elle permet à ses participants de bénéficier de la dynamique de groupe et me paraît particulièrement adaptée pour qui cherche à nourrir la confiance en soi. Celle que je vais présenter ici est le « bilan-portfolio de compétences selon la méthode EFFE », qui s'adapte à tout type de public, mais je pourrais aussi évoquer la méthode française AVARAP (Association pour la valorisation des relations avec les professionnels), créée en 1984 par un groupe de cadres au chômage, très intéressante et porteuse, mais réservée aux cadres.

• Comment est né ce bilan-portfolio de compétences ?

L'association EFFE a été fondée en 1993 à Bienne, la plus grande ville bilingue de Suisse, où l'industrie horlogère occupe une place prépondérante. Les quatre lettres du sigle EFFE signifiaient à l'origine Espace de femmes pour la formation et l'emploi ; depuis 2004, elles correspondent à Espaces de formations-formation d'espaces, « *témoignant ainsi de l'évolution de son identité et de la double dimension de ses activités* », comme indiqué sur son site.

Ce qui, à mon sens, marque la spécificité de cette approche, c'est qu'elle s'est développée par l'expérimentation, à partir des besoins de femmes au foyer qui cherchaient à se réinsérer sur le marché de l'emploi, avant même la création officielle de EFFE. Comme cette création a correspondu à une période de crise économique, les collaboratrices de EFFE ont très vite dû adapter leur offre à ce contexte. Des ateliers destinés à des femmes et des hommes au chômage, intitulés « Valoriser ses compétences pour un nouvel emploi » ont alors été organisés, et le bilan de compétences a été placé au cœur de la démarche.

En 1998, un livre, *Bilan-portfolio de compétences. Histoire d'une pratique*, a été publié par EFFE aux Éditions d'En bas : ouvrage collectif, bien sûr, qui fait retour sur une pratique et la partage avec générosité. Je me permettrai d'en citer des extraits.

Je ne suis pas seul à vivre ce que je vis

EFFE a développé des offres en fonction de différents types de public. Formée à cette méthode, j'accompagne pour l'instant des groupes de femmes en emploi et transition professionnelle. Le principe qui sous-tend cette organisation, c'est que « *la dynamique du groupe se crée en relation avec des centres d'intérêt. Les membres du groupe démarrent ainsi autour d'une relative homogénéité de problématique. Une sorte de communauté d'intérêts s'instaure : "Je ne suis pas seul à vivre ce que je vis"* ».

Le premier pas vers la confiance, c'est celui-là : sortir de son isolement, constater que, même si nos existences sont très différentes, nous sommes touchés par les parcours des uns et des autres et que les résonances peuvent nous inciter à réfléchir et nous faire avancer. Le fait de limiter le nombre de participants (en général à six) permet d'accorder suffisamment de temps à chaque personne et de s'assurer que chacune trouve sa place dans le groupe.

• Développer sa confiance au contact des autres

« *L'un des apprentissages majeurs, pour la plupart des personnes, est de s'impliquer dans le groupe. On y partage systématiquement son*

travail personnel, on y exprime ses découvertes et ses doutes, parfois des déclics, voire des révélations. [...] Il s'agit ici de témoigner de son histoire, de sa recherche et de son évolution. L'autre atout du groupe est d'y apprendre à formuler ses réactions, ses commentaires ou ses questions en écho à la parole de l'autre, sans pour autant verser dans le jugement de valeur.
Pour les personnes vivant des difficultés personnelles et/ou professionnelles importantes, les relations de confiance au sein du groupe sont essentielles au travail de bilan. [...] Pour que cette complicité s'établisse, les premières heures d'un atelier sont décisives : créer les conditions [...] pour que se développent une confiance réciproque et une stimulation interpersonnelle. La confiance en soi grandira d'autant plus que s'est établie une écoute complice, mais non complaisante. »

• Un contrat qui favorise la confiance et la réciprocité : les « règles du jeu »

Si elle n'est pas propre à la démarche de bilan-portfolio, la définition d'un cadre est un préalable incontournable pour assurer le bon fonctionnement du groupe. Dès le début, animatrice et participants se mettent d'accord sur des principes fondamentaux comme la bienveillance, la confidentialité des échanges, le non-jugement, l'implication dans le groupe. Les règles du jeu sont mises par écrit et signées par tous. À chaque étape du bilan, il sera possible de s'y référer si nécessaire, ce qui est sécurisant.

• Chaque personne est auteure

Chaque personne est auteure de son bilan. La démarche s'inscrit dans une certaine durée, ce qui favorise l'indispensable processus de maturation. Il n'existe pas de baguette magique capable de dénouer les choses du jour au lendemain. Même (et peut-être surtout) quand on éprouve un sentiment d'urgence par rapport à sa situation, il est important de s'accorder du temps.
« *Construire mon bilan suppose donc de comprendre le passé qui fait ce que je suis aujourd'hui. [...] Il pourrait s'apparenter à une étape de*

déconstruction et de reconstruction au cours d'une vie, celle où l'on s'offre le temps et les moyens de regarder le chemin parcouru, d'évaluer les ressources disponibles, de les réorganiser, de les combiner en fonction d'objectifs à atteindre. Le bilan-portfolio recueille les traces de tout le processus d'appropriation de ces ressources. »

• Présenter sa trajectoire de vie

Après la première étape, où toutes les bases du travail ont été posées, chaque personne recense d'abord ses expériences de vie et les répartit en six domaines sur un tableau, puis représente graphiquement sa trajectoire de vie sur une grande feuille comprenant quatre pistes horizontales, avec une couleur par piste :

• des nuances de bleu pour marquer les différentes formes du foyer ;
• des nuances de vert pour les formations formelles ou informelles, initiales ou continues ;
• des nuances de rouge pour les divers emplois ;
• du jaune, de l'orange ou du brun pour les autres activités/centres d'intérêt.

Ce travail de symbolisation est l'occasion de renouer avec un mode d'expression qui n'a que rarement sa place dans le monde professionnel. Certains ont d'ailleurs plaisir à le faire et font preuve d'une grande créativité, d'autres trouvent cela douloureux, mais le partage de sa trajectoire est toujours un temps fort, émouvant, qui renforce la cohésion du groupe et la confiance entre ses membres. Il arrive que certaines choses soient dites pour la première fois. Ce récit oral permet de se réapproprier son parcours, de constater ce que l'on a surmonté malgré les difficultés, d'établir des liens entre les événements, de comprendre certains choix ou non-choix. En outre, il illustre bien l'idée majeure qui sous-tend toute la démarche, à savoir qu'un bilan doit couvrir toutes les sphères de la vie, et non se cantonner au professionnel, ce qui n'aurait guère de sens dans la mesure où aucun domaine ne peut se concevoir comme strictement isolé des autres. C'est particulièrement vrai pour les femmes qui, en fonction des périodes de leur vie, peuvent être amenées à donner la priorité à telle ou telle sphère.

Un processus dynamique et dynamisant

• Les expériences sous la loupe : analyser ses activités pour en extraire ses ressources

Cette étape « *consiste à faire émerger de l'expérience vécue, d'une activité plus exactement, [...] un ensemble de ressources personnelles, qu'elles soient professionnelles ou non* ». On se sert pour cela des expériences que l'on a recensées et pour lesquelles on recueille des preuves ou des traces afin de constituer son portfolio. Elles seront tirées des six domaines suivants :

- vie familiale, vie quotidienne ;
- formations formelles ;
- formations informelles ;
- emploi, activités rémunérées ;
- engagement, bénévolat ;
- culture, loisirs, autres.

Or les ressources paraissent parfois tellement évidentes à ceux ou celles qui les détiennent qu'elles en sont devenues invisibles. Le risque est alors fort de dévaloriser ses différents savoirs : « Mais tout le monde sait faire ça », entend-on souvent. Dans un même métier, qui implique des tâches identiques, chaque personne s'y prend pourtant d'une façon qui lui est propre et qu'elle a intériorisée au point de ne plus la voir.

Le recours à une démarche d'entretien d'explicitation permet la mise en mots de l'expérience. Comme l'a dit Simone de Beauvoir, « *nommer, c'est faire exister* » : lorsque je nomme et fais ainsi exister mes ressources, je me les réapproprie et je prends conscience que « je suis capable de ». Ce processus, déjà source de confiance en soi, est renforcé par le groupe, qui ne se contente pas d'écouter – même si ce rôle de témoin est important –, mais qui participe activement au questionnement, intervient pour suggérer des ressources non identifiées et reconnaître des capacités à la personne interrogée.

• Présenter la synthèse de ses ressources et établir son profil de compétences

« *Chacun est amené à retrouver le* fil rouge *ou* fil conducteur *qui explique ses priorités du moment et la quête en cours.* » Parmi les principaux objectifs de cette étape :
• « *Réaliser la synthèse des ressources répertoriées et dégager les compétences dominantes en croisant les ressources des divers domaines (décloisonner) ;*
• *renforcer le sentiment de compétence, la conscience de son potentiel de compétences multifonctionnelles.* »
On demande aux participants de préparer une synthèse écrite, qui pourra être utile dans le cadre d'une recherche d'emploi par exemple, et une synthèse symbolique, pour laquelle il leur est donné carte blanche. C'est cette dernière qui est présentée au groupe. La créativité déployée est souvent impressionnante, tout comme la richesse des présentations. Exposer de cette manière ce que l'on sait faire avant d'écouter (puis de lire) les retours du groupe contribue fortement à consolider le sentiment de confiance en soi.

• Projet réaliste et projet idéal

En fonction de l'endroit où on en était au démarrage et du parcours effectué pendant le bilan, on aborde cette dernière étape avec plus ou moins de facilité. Il s'agit de mettre par écrit puis de présenter au groupe un projet réaliste et réalisable à court terme compte tenu des ressources et des compétences identifiées, et un projet idéal, que l'on envisage à plus ou moins long terme, pour lequel il est nécessaire d'évaluer ce que nous avons besoin d'acquérir comme nouvelles ressources. Notons que jusqu'à ce moment, chacun a été invité à se focaliser sur ses points forts. Cette dernière étape est la seule où il importe de considérer aussi ce qui manque, le cas échéant. En cela, le groupe est aidant, car il peut, par ses questions et/ou ses critiques constructives, pousser chaque membre à clarifier, à préciser son projet, ou éventuellement à prendre conscience que le chemin à parcourir est très long, voire semé de trop d'embûches.

• **L'apport du groupe selon ses membres**

Toutes les personnes qui s'engagent dans ce bilan déclarent au moment de l'évaluation que c'est l'idée d'entreprendre cette démarche en groupe qui les a attirées en premier lieu. Voici quelques exemples de ce qu'elles disent du groupe.

• « *Très bonne expérience, le courant est passé dès le début.*

• *Soutien et bienveillance du groupe. Plaisir de rencontrer de nouvelles personnes et de partager avec elles des choses fortes.*

• *Porteur, soutenant, effet miroir, osmose.*

• *Participatives, communicatives, respectueuses, solidaires, sincères.*

• *Plaisir de retrouver mon groupe. Je sais que je peux partager mes craintes et mes projets sans jugement de valeur. Sagesse du groupe. La solidarité, l'empathie, le respect de l'opinion de l'autre.*

• *Moteur, porteur. Me suis sentie à l'aise. Important pour réaliser mes spécificités. Effet miroir : comment me perçoit-on ? Richesse du partage.* »

EN RÉSUMÉ

• **La démarche de bilan en groupe permet de sortir de l'isolement.**

• **Elle permet de nouer des relations basées sur la confiance et la bienveillance grâce à un cadre sécurisant.**

• **Présenter sa trajectoire de vie aux autres amène à se réapproprier son parcours.**

• **Identifier ce que l'on sait faire dans l'interaction avec le groupe permet de faire exister ses ressources et de les voir reconnues par d'autres que soi.**

• **La prise de parole en public, les échanges entre participants et animatrice et les retours constructifs favorisent le renforcement de l'identité et du sentiment de compétence.**

Valoriser ses capacités

Comme nous venons de le voir, se reconnaître « capable de » et être reconnu comme capable par les autres joue un rôle important dans la reprise de confiance en soi. Dans cette perspective, je souhaite présenter une initiative particulièrement intéressante : celle du RESI-F, Réseau interculturel d'échanges de savoirs pour les femmes, qui s'est créé en 1994 à Genève, et qui est plus vivant que jamais aujourd'hui. Dans les lignes qui suivent, je me réfère à deux documents dont je citerai quelques extraits : un dossier intitulé « Échanges de savoirs », tiré du *Journal de l'animation* n° 8, et rédigé par Jacques Trémintin, et l'article de Chokoufeh Samii publié en juin 2017 dans la revue en ligne *Reiso* (www.reiso.org).

Intégrer un réseau d'échanges de savoirs

L'idée est née en France au début des années 1970 et s'est notamment développée sous l'influence des travailleurs sociaux et des tenants de l'Éducation populaire.

Premier principe fondateur : « *Chacun sait quelque chose et peut le transmettre [...]. Il faut arrêter de considérer les individus à partir de leurs manques, de leurs difficultés ou de leurs handicaps. Tout au contraire, il faut mettre en avant leurs compétences et leurs savoirs, et considérer leurs points faibles comme autant de besoins qu'il s'agit de combler. [...] Car, identifier ce que l'on sait et ce qu'on a envie de savoir, c'est se comporter en sujet et surtout rompre le regard négatif que l'on peut avoir sur soi.* »

Le deuxième principe, la réciprocité, implique que la transmission ne se fait pas à sens unique : il n'y a pas d'un côté la personne qui va partager son savoir, et de l'autre celle qui va le recevoir. On pourra être alternativement en situation de demandeur ou d'offreur. Loin de toute relation de pouvoir, cette situation d'égalité facilite les contacts entre les personnes.

Ces échanges offrent un espace de liberté qui permet à la confiance de se déployer : « *L'échange implique d'entrer en relation avec l'autre, [...] chacun va parler de ce qu'il offre ou de ce qu'il attend, accepter ou non de modifier ses propositions pour permettre que l'échange de savoirs ait effectivement lieu. Chacun doit se sentir libre d'accepter ou non.* » Bien loin des situations où l'on ressent une forte pression à cause des enjeux – que ceux-ci soient réels ou qu'on s'en exagère l'importance, ils ont souvent pour effet d'inviter le manque de confiance en soi à se manifester –, on a ici la possibilité d'expérimenter en toute liberté, sans crainte de se tromper puisque l'erreur est admise.

Le RESI-F, facteur d'intégration sociale

Ce réseau a donc vu le jour en 1994, après une soirée consacrée à des témoignages de femmes exilées. Des rencontres régulières sont organisées durant l'année scolaire, ainsi que différentes activités. Le troisième jeudi du mois, « *des femmes suisses et étrangères se retrouvent à l'association F-Information (www.f-information.org/) pour partager dans un esprit de solidarité et d'ouverture leurs expériences et opinions, s'ouvrir à des cultures différentes, mais aussi échanger des savoirs. Des échanges en duo ou en groupe se sont mis en place, coordonnés par une médiatrice* ». Les femmes exilées sont particulièrement présentes, et cela peut sans doute s'expliquer de la manière suivante : « *Les personnes migrantes sont porteuses de savoirs non reconnus par la société d'accueil, la famille, le monde de l'emploi. Leur donner un espace pour transmettre ces savoirs les place dans une position valorisante, par la prise de conscience de leurs capacités et la perception de leur « utilité » sociale par elles-mêmes et par leur entourage. Quant aux bénéficiaires des échanges, le contexte égalitaire et de confiance réciproque serait un facteur favorable à leur intégration sociale.* »
Les échanges, de plus en plus nombreux, ont également lieu en dehors des rencontres. Les savoirs partagés par les femmes sont très variés : entre les cours d'informatique, de physique, de Zumba, de cuisine ou de langues, les ateliers de bijouterie, de recyclage ou de couture... le choix est vaste.
Même s'il n'y a pas d'obligation de réciprocité dans les échanges, on peut naviguer librement entre les deux positions liées au don : donner et recevoir, en même temps, en alternance, successivement... Ou pas. Cela confère une grande fluidité aux échanges.

« Participer en toute confiance »

Aussi bien les femmes qui bénéficient des échanges de savoirs que celles qui les proposent osent se lancer grâce à l'atmosphère chaleureuse et au cadre sécurisant des rencontres. Elles savent qu'elles ne seront pas jugées : ce qui prévaut dans le réseau, ce sont des valeurs d'égalité, de solidarité et d'entraide. Ainsi, on voit bien que la confiance ne naît pas dans le vide, mais s'épanouit grâce à des conditions favorables.

Celles qui offrent leurs savoirs peuvent aussi témoigner et encourager les femmes qui assistent à leurs cours : elles se sont également retrouvées et se retrouvent régulièrement en situation d'apprentissage. « " *Je suis passée par là, vous aussi vous en êtes capables", est le message que plusieurs disent vouloir transmettre. Le réseau leur donne le courage de franchir le premier pas. Je me mets à leur place. Je leur dis que je suis comme elles, que je ne connaissais rien avant en informatique, je suis passée par là. Cela les met à l'aise* » (S., formatrice en informatique). Or, comme on l'a vu dans cet ouvrage, le fait d'avoir foi dans la capacité des personnes à « y arriver » favorise leur réussite. Et, dans la mesure où il n'y a pas de pression liée aux résultats, pas d'évaluation ni de compétition, chacune peut progresser à son rythme, sans stress, sans peur.

« *Transmettre son savoir constitue un fantastique moyen de valorisation et d'utilité sociale qui permet de sortir l'individu de l'isolement et de l'exclusion, et de le restaurer dans sa dignité et son identité.* »

Le fait de nouer des relations d'échange et de coopération comme celles que nous avons présentées nourrit cette confiance en soi et en l'autre. Cela vaut la peine de vous renseigner pour savoir si un tel réseau existe près de chez vous, et si ce n'est pas le cas, peut-être aurez-vous envie de vous mettre à plusieurs pour en créer un ?

Se faire confiance dans les trois dimensions de l'identité

Dimension de la relation à soi	Prendre en compte nos sensations et émotions. S'accepter et cultiver un sentiment de gratitude pour qui l'on est. Connaître et mettre en pratique nos valeurs préférées.
Dimension de la relation au monde	Donner un sens à nos actions, en lien avec nos valeurs. Explorer des options différentes. Ne rien considérer comme acquis. Accepter (constater) les imprévus. Garder espoir/recul/humour.
Dimension de la relation à l'autre	Dire ce qui nous tient à cœur : message JE. Être attentif à autrui : TU es un autre moi-même. Reconnaître nos bienfaiteurs et nos contributions à la vie des autres.

Clé n° 7
Créer une dynamique de la confiance

• S'appuyer sur la puissance du groupe dans un cadre sécurisant aide à se réapproprier son parcours et ses ressources.

• Se reconnaître et être reconnu « capable de », apprendre à le reconnaître chez les autres permet d'enclencher une dynamique.

• Se mettre en lien avec d'autres autour d'objectifs proches et d'intérêts communs renforce sa confiance dans sa capacité à agir.

• Partager ses savoirs au sein d'un réseau : en transmettant ce que l'on sait, on donne aux autres et on reçoit en retour, ce qui nourrit la confiance en soi.

• Le sentiment d'utilité sociale est une source d'élan formidable et permet de reprendre confiance en la vie.

Conclusion

Notre sentiment de sécurité, base de toute confiance, s'articule autour de notre capacité à vivre des liens de coopération avec nous-mêmes et les autres, et à agir en accord avec nos intentions. Ce sentiment de sécurité nous permet d'accepter le mouvement de la vie, dans lequel nous nous dissocions et nous réassocions tour à tour dans un mouvement continu.

Là où il y a manque, c'est qu'il y a désir. Autrement, nous ne manquerions de rien. En cela, nos manques de confiance en nous manifestent aussi la vie et le désir en nous ! C'est pourquoi la parfaite et définitive possession de la confiance en soi, en plus d'être un leurre, nous rendrait sans doute moins vivants : des automates confiants, mais insensibles à la beauté et au tragique du monde et de notre condition. Le manque de confiance en soi nous préserve de devenir :

- imbus de nous-mêmes (dans la relation à soi) ;
- imbuvables avec nos semblables (dans la relation aux autres) ;
- imprudents, inconséquents, voire brutaux (dans la relation au monde).

Plus que dans l'illusion d'une constante confiance en soi, c'est dans l'accord entre nos actions et nos intentions que réside une base essentielle pour enrichir nos histoires de vie et pour vivre en confiance avec soi et les autres. En lâchant l'hyper-performance qui paralyse, nous pouvons commencer à agir, même très modestement en direction de nos espoirs. C'est l'action elle-même qui manifeste notre confiance dans la vie, et qui embrasse dans sa dynamique tout notre être, y compris nos manques de confiance en nous.

Quand nous sommes reliés à qui nous sommes, en premier lieu à notre corps, à ses affects, mais aussi à ceux qui comptent pour nous, nous pouvons faire des choix et prendre des initiatives qui correspondent à nos vœux, et même, quand les choses ne se passent pas conformément à nos attentes, supporter de vivre des moments de désaccordage, car le manque de confiance en soi, comme la confiance en soi, est un mouvement. Michel Foucault soulignait que ce qui fait le plus souffrir, ce n'est pas de vivre une situation contradictoire – par exemple vouloir accomplir quelque chose et ne pas s'en sentir capable pour le moment. Ce qui pose problème, c'est de vivre contradictoirement une situation : se raidir contre le mouvement, se mettre en rivalité avec la réalité, la refuser : ne pas pouvoir supporter ces moments transitoires et naturels de remise en question voire de crise, que ce soit dans notre relation à nous-mêmes, dans notre relation aux autres ou dans notre relation au monde.

Ce fond d'estime de soi, c'est-à-dire d'acceptation et de sécurité intérieure minimale, nous donne la souplesse nécessaire pour laisser se faire le mouvement de la vie en nous. La possibilité de se faire confiance s'ancre dans l'estime de soi, la tranquille assurance de sa valeur singulière. L'assurance de notre singularité se révèle et s'épanouit dans ce pour quoi nous sommes faits : la coopération avec l'autre, et la reconnaissance, qui est une forme d'étonnement. En cela, l'estime de soi est cousine de notre capacité à respirer : corporelle, naturelle et vitale, elle nous permet de vivre, c'est-à-dire d'entrer en relation avec l'autre et avec tout ce qui est extérieur à nous. De traverser en étant soi-même les moments et les aléas de la vie, moments où l'on se sent tantôt confiant, tantôt moins, mais vivant, capable de choisir, d'agir et d'apprendre. Dans cette respiration, le manque de confiance en soi est lui aussi précieux. Il signe notre humanité et nous signale nos préférences : à quoi dit-il non ? Il nous relie à notre vulnérabilité et à la compassion pour nous-même et nos semblables.

Confiance, manque de confiance, confiance à nouveau, c'est dans ce mouvement que l'on devient pleinement soi-même, pleinement humain, et qu'on peut agir dans le monde avec sagesse et créativité. Confiance et manque de confiance nous invitent à cesser de lutter contre notre vulnérabilité, contre l'imperfection des autres et contre l'imprévisibilité du monde, mais plutôt à les accueillir, ce qui fait de nous des êtres pleinement vivants.

Bibliographie

Approche narrative

BESNARD-PERON C., DAMERON B. (dir.), *Pistes narratives. Pour faire face au sentiment d'échec personnel et professionnel*, Paris, Hermann, 2011

BLANC-SAHNOUN P., DAMERON D. (dir.) *Comprendre et pratiquer l'approche narrative*, Paris, Interéditions, 2009

DENBOROUGH D., *L'Approche narrative collective*, Paris, Hermann, 2011

MORGAN A., *Qu'est-ce que l'approche narrative ?*, Paris, Hermann, 2010

SCHERRER D., *Échec scolaire, une autre histoire possible*, Paris, L'Harmattan, 2011

SOULIGNAC R., *Redevenir auteur de sa vie professionnelle*, Lyon, Chroniques sociales, 2017

WHITE M., *Carte des pratiques narratives*, Bruxelles, Satas, coll. « Le Germe », 2009

Regards philosophiques

ABEL O., *Paul Ricœur. La promesse et la règle*, Paris, Michalon, 1996

DUMOUCHEL P., *Émotions. Essai sur le corps et le social*, Paris, Les Empêcheurs de penser en rond, 2004

GODART E., *Je selfie donc je suis*, Paris, Albin Michel, 2016

GORI J., *La Fabrique des imposteurs*, Arles, Actes sud, coll. « Babel », 2013

GRENIER H., *La Liberté heureuse*, Paris, Grasset 2003

MARZANO M., *Le Contrat de défiance*, Paris, Grasset, 2010

MIDAL F., *Foutez-vous la paix !*, Paris, Flammarion, 2017

PÉPIN C., *Les Vertus de l'échec*, Paris, Allary, 2016

VERGELY B., *La Souffrance, Recherche du sens perdu*, Paris, Gallimard, 1997

Analyse transactionnelle

Choy A., « Le triangle du gagnant », *Actualités en analyse transactionnelle*, n° 61, janvier 1992
Le Guernic A., *L'Analyse transactionnelle en action*, Ixelles 2015
Ramond C., *Grandir*, Paris, Desclée de Brouwer, coll. « La Méridienne », 2011

Autres ouvrages

André C., *Imparfaits, libres et heureux*, Paris, Odile Jacob, 2009
André C., *Les États d'âme*, Paris, Odile Jacob, 2009
Aubert N., Gaulejac (de) V., *Le Goût de l'excellence*, Paris, Seuil 2007
Braconnier A., *Protéger son soi*, Paris, Odile Jacob, 2010
Doutrelugne Y., *Thérapies brèves. Principes et outils pratiques*, Paris, Masson, 2013
Fenouillet F., *La Motivation*, Paris, Dunod, 2003
Grün A., *Ose le renouveau et vis-le en confiance*, Paris, Jouvence, 2015
Kotsou I., *Éloge de la lucidité*, Paris, Robert Laffont, 2014
Kourilsky F., *Du désir au plaisir de changer*, Paris, Dunod, 1999
Kubler-Ross E., Kessler D., *Leçons de vie*, Paris, Lattès, 2000
Lecomte J., *Les Entreprises humanistes*, Paris, Les Arènes, 2016
Malarewicz J.-A., *Petits deuils en entreprise*, Paris, Pearson, 2011
Nielsen J., *La Discipline positive*, Paris, Éd. du Toucan 2012
Pagès J., *Le Coaching avec la méthode* appreciative inquiry, Toulouse, Eyrolles, 2014
Rankin L., *Affronter la peur*, Paris, Guy Trédaniel, 2016

Sites web

www.60000rebonds.com
www.lafabriquenarrative.org
www.journal-coach.blogspot.fr

34/38, rue Camille-Pelletan - 92309 Levallois-Perret cedex
Imprimerie CPI Firmin-Didot - 27650 Mesnil-sur-l'Estrée
Imprimé en France - 3e trimestre 2017 (141965)

Service éditorial : Marjorie Champetier, Benjamin Dias Pereira,
Deborah Lopez, Élodie Sebbah
Conception graphique : Catherine Aubin

Dépôt légal à parution
ISBN 978-2-7590-3504-5